CÍNTIA LOPES

# QUEM SE COMUNICA ENRIQUECE

Copyright© 2021 by Literare Books International
Todos os direitos desta edição são reservados à Literare Books International.

**Presidente:**
Mauricio Sita

**Vice-presidente:**
Alessandra Ksenhuck

**Capa, diagramação e projeto gráfico:**
Gabriel Uchima

**Foto da autora na capa:**
Thaís Spézia

**Revisão:**
Ivani Rezende

**Diretora de projetos:**
Gleide Santos

**Diretora executiva:**
Julyana Rosa

**Diretor de marketing:**
Horacio Corral

**Relacionamento com o cliente:**
Claudia Pires

**Impressão:**
Impressul

---

**Dados Internacionais de Catalogação na Publicação (CIP)**
**(eDOC BRASIL, Belo Horizonte/MG)**

L864q   Lopes, Cíntia.
         Quem se comunica enriquece / Cíntia Lopes. – São Paulo, SP: Literare Books International, 2021.
         14 x 21 cm

         ISBN 978-65-5922-056-4

         1. Literatura de não ficção. 2. Comunicação. 3. Sucesso nos negócios. I. Título.
                                                              CDD 658.4

**Elaborado por Maurício Amormino Júnior – CRB6/2422**

---

Literare Books International.
Rua Antônio Augusto Covello, 472 – Vila Mariana – São Paulo, SP.
CEP 01550-060
Fone: +55 (0**11) 2659-0968
site: www.literarebooks.com.br
e-mail: literare@literarebooks.com.br

# Dedicatória

Dedicado ao poder de comunicar ilimitado
que está dormindo dentro de você.
Permita que ele se manifeste e o transforme.
Você é um criador da sua vida e
não um gestor de circunstâncias.

À Thaís Spézia,
Exemplo vivo de amor incondicional
e apoio à nossa família.
Uma lâmpada iluminada
em nosso coração. Motor da vida.
Uma luz na direção do futuro.

"Quando você vir o amor em
todo canto do mundo,
perceba que é você."

# AGRADECIMENTOS

> "Se eu vi mais longe, foi por estar sobre ombros de gigantes."
>
> **ISAAC NEWTON**

O mundo precisa de pessoas que desejam nos levar aonde jamais iríamos sem elas. A primeira, destaco Thaís Spézia, minha protetora, companheira de jornada, uma parceira que Deus trouxe para minha vida, com quem desejo levar essa missão de transformar pessoas e as nossas vidas aos melhores lugares da Terra.

A todos os mestres e mentores que, por sua sabedoria e transcendência, tornaram a minha vida plena de propósito, valores e significados. Graças à busca incessante pela verdade, tenho pleno entendimento de que, todos, somos consciências divinas, eternas, amorosas.

Aos meus queridos amigos e *coaches* Libiane Hentchen e Jonatan Link, antes meus alunos, hoje nossos parceiros de jornada. Vocês tornam nossas vidas cheia de alegrias e aventuras. Nossa amizade é como uma planta recebendo os raios de sol.

À Dra. Quitéria Tamanini Vieira Peres, mãe, esposa, amiga, comunicadora, juíza, escritora, que nos inspira a ser tudo o que podemos nos tornar nesta trajetória temporariamente humana.

À Odete Brancher Becker, exemplo de mãe extremosa, exímia comunicadora, amiga sempre presente, exemplo de aluna que floresceu com os Cursos de Comunicação Verbal que ministramos. Seu exemplo, Odete, de determinação e coragem sempre me inspiram. Sua presença alegre e gentil é um convite ao "agir" para melhorar o mundo.

Por fim, a todos os milhares de alunos e clientes presenciais e a distância que tive a honra de tocar com minhas palavras, aos que participam da minha vida e que contribuem para a paz, a alegria e crescimento meu e de familiares, a minha visceral gratidão.

Vamos começar nossa jornada?
Venha comigo.

**Cíntia Lopes**

# PROMETA A SI MESMO*

Ser tão forte a ponto de nada conseguir perturbar sua paz de espírito.

Falar sobre saúde, felicidade e prosperidade com cada pessoa que encontrar.

Fazer com que todos os seus amigos sintam que têm algo especial.

Olhar para o lado bom de todas as coisas e fazer com que seu otimismo se torne realidade.

Pensar apenas no melhor, trabalhar apenas pelo melhor e esperar apenas o melhor.

Sentir tanto entusiasmo com o sucesso dos outros quanto com o próprio sucesso.

Esquecer os erros do passado e avançar em direção às grandes realizações do futuro.

Exibir sempre uma expressão satisfeita e sorrir para cada criatura que encontrar.

Empenhar-se tanto no seu aperfeiçoamento pessoal que não lhe sobrará tempo para criticar os outros.

---

* *O credo dos otimistas*, escrito em 1912 por Christian D. Larson e publicado no livro *Your Forces and How to Use Them*.

Ser digno demais para se preocupar, nobre demais para sentir raiva, forte demais para sentir medo e feliz demais para se envolver em conflitos.

Pensar bem de si mesmo e proclamar esse fato para o mundo, não por medo de palavras bombásticas, e sim de grandes façanhas.

Viver com a convicção de que o mundo inteiro estará ao seu lado enquanto permanecer fiel ao que há de melhor em você.

# PREFÁCIO

Se alguém te perguntasse agora qual é seu bem mais precioso, o que você responderia? Ouso dizer que é o tempo de vida. Contudo, esse bem não pode ser deixado de herança, pois seu valor está na forma como é usufruído no curso da nossa existência, cuja extensão sequer conhecemos. Justamente aí reside o enigma mais provocador da mudança que muito provavelmente a leitura deste livro convidará a fazer.

A considerar que nossa história de vida começou quando estávamos aconchegantemente acondicionados no ventre materno, os sons que ouvíamos já sinalizavam a melodia do cotidiano. Nela, importava muito o tom de voz, pois, ainda pequenos, imaginávamos o significado das palavras a partir da brandura com que eram ditas. Crescemos e passamos a interagir com o meio, seja pela nossa expressão corporal, especialmente pelos contornos do nosso semblante (que podia estampar um encantador sorriso ou lágrimas de choro), seja pelas palavras. A propósito, é da conexão harmoniosa entre ambos, expressão corporal e palavras, que resulta delineado o sentido da mensagem assimilada pela outra pessoa (receptor). Vale notar que o sucesso da comunicação se torna mais valioso quando esta se desenvolve com as pessoas que amamos (pais, parceiros afetivos, filhos, amigos etc.) ou que, de algum modo, são importantes em nossos relacionamentos pessoais, profissionais e/ou sociais.

Mesmo sabendo que a vida não existe sem os relacionamentos e que esses são nutridos pela comunicação, parece-me incrível perceber que não temos dado importância ao modo como nos expressamos e como somos compreendidos. De fato, esse assunto não assumiu a prioridade que merecia nas lições educativas que recebemos de nossos pais e professores. Acredito mesmo que esta deveria ter sido a principal, dentre tantas relevantes, lições aprendidas.

Com efeito, você já deve ter testemunhado inúmeras situações em que aquilo que foi dito não era tão importante quanto a forma como o foi. Nisso reside o poder e a magia da comunicação. Não basta aprender a falar, nem dispor de bom vocabulário. A sociedade, mais do que nunca, carece de pessoas que valorizem, além das palavras, a forma como são expressadas, pois ao ouvinte a mensagem chega carregada de significados extraídos de outras fontes, como o tom de voz, representado pela velocidade, intensidade e ritmo, a expressão facial e corporal, a coerência com o contexto e a confiabilidade estabelecida entre os envolvidos. A propósito, convém salientar que, sem esta última, todo o resto cai por terra. Não por outra razão, a conexão, tão bem explicada pela noção de *rapport*, pressupõe habilidades relacionais sediadas no âmbito da inteligência emocional e, por que não dizer, espiritual também. Justamente por isso, as empresas têm valorizado tanto as habilidades conhecidas como *soft skills* nos processos de recrutamento e de avaliação de desempenho, as quais, na maioria das vezes, fazem a diferença na hora de contratar ou não um candidato e até mesmo dispensar um colaborador que já integra seu quadro.

Justamente porque a comunicação ocorrerá sempre, quer você queira, quer não, quer você saiba efetivá-la, quer não, temos acompanhado um gradativo comprometimento da qualidade das relações humanas, situação que não apenas tem gerado mais conflitos e dificultado sua resolução, como também agravado o quadro de saúde emocional das pessoas que sofrem depressão, ansiedade e outros transtornos de cunho psicológico.

A transformação desse cenário depende de nós, a começar pela percepção de que, mais importante que esperar a mudança por parte do outro (ou seja, de quem nos escuta), é reconhecer que está ao nosso alcance vivenciar a comunicação de modo saudável, equilibrado e construtivo. Se você se interessou pelo conteúdo deste livro, saiba que já superou a primeira etapa necessária que é a conscientização. Quando tratamos sobre conhecimento, saber que há algo mais que precisamos saber é um diferencial inspirador, porquanto essencial à evolução humana, pois há muitas pessoas que sequer sabem que não sabem e, justamente por isso, creem ser suficiente a dimensão e conteúdo do seu *mindset*, daí porque, sem perceber, incidem na repetição de condutas e, inevitavelmente, de resultados. Não é este, contudo, seu caso.

Afinal, seu interesse pelo saber está estampado em seu movimento de busca pela compreensão de aspectos intrínsecos à comunicação como forma de melhor qualificar os relacionamentos e assim enriquecer em todos os sentidos: emocional, social, profissional e financeiramente. Como a autora Cíntia Lopes explica nesta obra, toda essa análise começa com inquietantes perguntas sobre seus diálogos internos, pois antes de conversarmos com os outros, conversamos conosco próprios. Por isso, seja gentil e compreensivo com suas vulnerabilidades. Abraçá-las é um passo inaugural em direção ao reconhecimento da beleza da sua essência, tomada em sua máxima autenticidade. És único e precioso como tal. Confie. Valorize-se.

O passo seguinte é conhecer-se, nutrindo sua curiosidade pela identificação das crenças que acompanham sua jornada e que pedem para ser revisitadas, questionadas e ressignificadas a partir da pessoa que te tornaste. Lembre-se que, como disse Carl Rogers (1902 – 1987), psicólogo humanista, "O curioso paradoxo é que quando eu me aceito como eu sou, então posso mudar."

Pois bem. Na continuidade desta jornada, o medo de falar em público não pode limitar os próximos passos, pois já se descortina, diante de seus olhos, um imenso horizonte a ser desbravado. É justamente aí que a autora Cíntia Lopes presta sua mais marcante contribuição oferecendo nesta obra ricos *insights* sobre os aprendizados extraídos de sua admirável formação acadêmica associada à larga experiência teórica e prática, como professora, consultora, instrutora e palestrante, no exercício de sua missão de ajudar as pessoas a se comunicarem melhor, de modo mais eficaz e construtivo. Se este fosse um mapa, o destino seria a prosperidade e o percurso certamente seria marcado por especiais momentos de felicidade.

Essencialmente, Cíntia Lopes sabe que não é justo colhermos menos do que plantamos, nem plantarmos menos do que podemos, já que nossa natureza é exuberante, vigorosa e plena.

E você, sabe disso?

Convido-o a responder essa perturbadora indagação após concluir a leitura desta obra que, não à toa, está em suas mãos.

Desafio-o a fazer desta uma experiência que valha a pena. Para isso, muito mais do quer ler este livro, é preciso vivê-lo.

**Quitéria Tamanini Vieira Péres**
**IG: @quiteriaperes**

# SUMÁRIO

INTRODUÇÃO......15

O QUE VOCÊ FALA PARA SI MESMO DETERMINA SUA VIDA......19

TRANSFORME SEU MEDO EM PODER......35

SEU SUCESSO NA COMUNICAÇÃO DEPENDE DA SUA AUTOESTIMA......39

MUDE A SUA HISTÓRIA, MUDE A SUA VIDA......45

EU MUDO, TUDO MUDA. LIVRE-SE DE CRENÇAS SABOTADORAS......49

SETE PASSOS PARA SUPERAR O MEDO DE FALAR EM PÚBLICO E TER SUCESSO......63

FAÇA APRESENTAÇÕES QUE GERAM RESULTADOS POSITIVOS......67

RECURSOS PARA TORNAR A SUA APRESENTAÇÃO MEMORÁVEL......75

SUA COMUNICAÇÃO DEVE LEVAR AS PESSOAS A AGIREM......79

MINDSET, COMO VOCÊ ENXERGA A REALIDADE?......87

POTENCIALIZE A SUA COMUNICAÇÃO CONSIGO E COM OS OUTROS......97

VOCÊ SABE DAR E RECEBER FEEDBACK?......103

OS QUATRO PROBLEMAS MAIS FREQUENTES NAS EMPRESAS......111

BREVE REFLEXÃO SOBRE O SER ............................................. 115
O CERTO E O ERRADO NA
COMUNICAÇÃO CORPORATIVA ......................................... 119
CUIDADO COM O QUE E COMO VOCÊ FALA ....................... 125
MUDE SUAS PALAVRAS, MUDE A SUA VIDA ........................ 129
VÁ SEMPRE ALÉM DO NÃO ................................................... 133
OS QUATRO ERROS MAIS
COMUNS NA LIDERANÇA ...................................................... 135
TORNE-SE UM LÍDER COMUNICADOR ................................ 137
EXERCÍCIO DE TREINAMENTO ............................................. 139
CRIE VÍNCULO COM SEU PÚBLICO ..................................... 141
CONTROLE SEUS DIÁLOGOS INTERNOS ............................. 145
O PODER DO PROPÓSITO COLETIVO .................................. 153
É SÓ UM ATÉ LOGO! .............................................................. 159
POSFÁCIO ............................................................................... 161
SOBRE A AUTORA .................................................................. 165
REFERÊNCIAS BIBLIOGRÁFICAS .......................................... 167

# INTRODUÇÃO

Você já se deu conta de quantas apresentações faz todos os dias? O que acontece depois da sua conversa, apresentação, exposição? Aqui está seu ponto crítico. Se você quer enriquecer, precisa aprender a falar bem. A riqueza pessoal, profissional e financeira decorre da nossa habilidade de influenciar, convencer e levar as pessoas a fazerem parte de nossos sonhos e objetivos. Cada vez mais dependemos dos outros para atrair o que desejamos e tudo isso depende de boa comunicação.

Falar bem não é atributo apenas de políticos, jornalistas ou religiosos. Todos nós, não importa a profissão, precisamos nos comunicar de forma clara, objetiva e levar os outros a agir de acordo com o que desejamos. Muitos desentendimentos, separações e problemas nas empresas advêm da comunicação deficiente. Quem se comunica mal está fadado ao fracasso, passa papel de incompetente.

O mercado está cada vez mais competitivo e instável. Se você está empregado hoje, amanhã pode estar na rua. Se você sonha em abrir o próprio negócio, vai enfrentar a concorrência. Até na vida pessoal, você passa por desafios com amigos, familiares e cônjuge. Para influenciar pessoas, promover parcerias, ter relações equilibradas e atrair clientes, você precisa falar bem, ter boa comunicação.

Imagine aquele pai severo que não conversa com os filhos. Mandar e reprimir as crianças apenas gera traumas e insatisfação. Os filhos precisam ser educados e convencidos do que é melhor para eles. O professor que explica a matéria, mas ninguém entende, desperdiçou tempo e esforço. A reprovação da turma é o atestado de fracasso do mestre. O médico que fala termos técnicos deixando o paciente confuso e não o estimula a seguir o tratamento é um péssimo profissional.

O vendedor que não sabe mostrar o valor de seu produto para o cliente nunca baterá suas metas e acabará desempregado. O líder que não inspira sua equipe e causa medo e revolta vai perder o cargo. O aluno que morre de medo de enfrentar uma banca e expõe o trabalho de modo confuso será reprovado. O técnico de informática que não sabe explicar o trabalho que realizou no computador do cliente vai gerar desconfiança e passará por trambiqueiro.

Como você vê, precisamos nos comunicar bem na vida pessoal e profissional. Diploma só não basta. Aliás, existem pessoas que não têm curso superior e falam de modo tão penetrante, que conseguem influenciar os demais. E se você pensa que falar bem depende de talento, você está enganado. Apenas cinco por cento da população tem alguma facilidade natural para se expressar. Os outros 95% são como eu e você, precisamos treinar e aprender técnicas eficazes para melhorar a comunicação e alcançar os resultados que desejamos.

Quem quer ter sucesso na vida pessoal e profissional precisa enfrentar situações que envolvam falar diante das pessoas. Conhecemos pessoas inteligentes e preparadas que perdem oportunidades incríveis por não saber se comunicar ou ter medo de errar. Outras até se arriscam, mas são um desastre; falam bastante e deixam o ouvinte confuso e entediado.

> "Dinheiro é resultado, riqueza é resultado, saúde é resultado, doença é resultado, o seu peso é resultado. Vivemos num mundo de causa e efeito."
> **T. HARV EKER**

E qual a relação entre falar bem e enriquecer? Na minha trajetória profissional, observei que todas as pessoas bem-sucedidas falam de um jeito que leva os outros à ação. A riqueza a que nos referimos vai muito além de ganhar dinheiro, mas implica construir relacionamentos saudáveis e realizar os objetivos aos quais nos propomos. Uma pessoa rica é uma pessoa feliz consigo mesma, equilibrada e capaz de estimular outras pessoas a também realizar sonhos e projetos.

Este livro é para você que quer dar um grande passo na vida. Resolveu sair do lugar comum e ser notado pela sua capacidade de influenciar e inspirar pessoas. É para você que almeja um cargo de destaque na empresa ou quer alavancar o próprio negócio. É para você que quer aproveitar todas as oportunidades, enriquecendo sua vida e das pessoas que você ama.

Ao longo de mais de 15 anos, desenvolvi um método prático, rápido e eficiente para você começar a ter sucesso em tudo o que faz. Como mentora, palestrante e mestra em Psicologia

(UFSC), reuni todo meu conhecimento e experiência com o objetivo de ensiná-lo a enriquecer a sua vida por meio da comunicação que gera resultados.

Você vai perceber como seus comportamentos e crenças negativas prejudicam na hora de falar. Você vai superar a insegurança, a vergonha e o medo da crítica ao fazer suas apresentações. Você vai aprender a evitar os pensamentos negativos, ter foco em seu objetivo e a se sentir seguro para falar bem diante de qualquer público.

Meu método vai além das técnicas de oratória. Vou mostrar como vencer essas barreiras para ter sucesso na vida pessoal e profissional. Você vai aprender a enfrentar situações difíceis como apresentar projetos, enfrentar bancas e processos seletivos, vender para clientes exigentes e defender ideias na empresa.

Você será capaz de atrair pessoas pelo seu poder de influência. Você será notado e admirado. Convido-o a experimentar uma mudança radical na sua vida a partir de agora! Vamos nessa?

"A felicidade não é algo pronto.
Ela vem de suas próprias ações."
**DALAI LAMA**

# O QUE VOCÊ FALA PARA SI MESMO DETERMINA SUA VIDA

Muitos morrem sem se dar conta de que são responsáveis pela condução de suas vidas. Você está insatisfeito com sua vida, mas não consegue mudar? É comum a gente ouvir pessoas dizendo que gostariam de ter um emprego melhor, ganhar mais, mudar de cidade, falar bem em público, enfim, serem diferentes. Mas, na maioria das vezes, tudo fica como está.

Início do ano, vida nova. As pessoas fazem promessas, pulam sete ondas, comem lentilha e até esboçam algum esforço para mudar. Na primeira semana, fazem dieta rigorosa, caminham, matriculam-se em cursos, enfim, tentam algo diferente. A verdade é que a maioria não persiste em seus propósitos e desiste diante das primeiras dificuldades.

## O PAPEL DE VÍTIMA

Alguns se conformam com os fatos e se acham vítima deles. São do tipo que empurra com a barriga para ver no que vai dar e sempre reclama que o mundo é injusto. O final dessa história a gente já sabe: uma vida de rotina, sem sentido e infeliz.

Muitos morrem sem se dar conta de que são responsáveis pela condução de suas vidas.

Exemplos não faltam: o empresário que abriu vários negócios, mas nenhum deles deu certo. O homem que se mata de trabalhar e não vai para a frente. A mulher que foi traída por todos os namorados. O funcionário que não tem sorte e só trabalha com chefe injusto. A mãe que sacrificou a vida pelos filhos, mas só recebeu ingratidão.

Você conhece pessoas assim? Você também jurou que mudaria de vida, mas continuou na mesma? Será que esse é seu destino? Será que o mundo conspira contra você? Será que nasceu azarado ou alguém puxou seu tapete? Você deve estar pensando que todos esses exemplos podem ocorrer com qualquer um. É certo que não se pode controlar tudo, mas tenha certeza de uma coisa: você é responsável por grande parte do que acontece em sua vida.

## CRIANDO REALIDADE

O imaginário é real, diz o grande sociólogo francês Michel Maffesoli. Tive a oportunidade de fazer cursos com ele e estudar sua grande obra, a qual aprofundei em minha dissertação de mestrado. O que ele quer dizer com essa frase? Que existe uma força inconsciente que acaba atuando na prática. O imaginário repercute em nosso cotidiano, cria valores, crenças, visões de mundo e modifica nosso modo de pensar e se comportar. Mas nós não nos damos conta disso e agimos como se isso fosse natural.

"A imaginação é sua própria forma de coragem."
**FRANK UNDERWOOD**

Identificamos o imaginário em um grupo, em um país, em uma época. Assim, as crenças, comportamentos e visões de mundo da Idade Média são diferentes das que temos hoje. Pessoas nascidas no Norte e Nordeste do Brasil tendem a ser mais abertas, amistosas. Já as nascidas no Sul, tendem a ser mais reservadas, contidas. Assim, todos nós, desde crianças, vemos o mundo por meio de "lentes". Há uma força que atua em nosso modo de ser e pensar, sem que a gente perceba. Nossas crenças são resultado desse imaginário. Somos criados a partir de grandes modelos ou paradigmas que estão entranhados em nossa vida.

O que pensamos sobre o mundo e sobre nós mesmos advém dos modelos que as instituições como a família, a escola, a igreja, o clube, enfim, nosso meio social dissemina. Em outras palavras, tendemos a ser o retrato de onde vivemos. Replicamos valores, crenças, hábitos e comportamentos dos grupos com os quais nos relacionamos.

O momento em que você aceita total responsabilidade por tudo em sua vida é o momento em que reivindica o poder para mudar qualquer coisa em sua vida.

## POR QUE FRACASSAMOS?

*"O homem que sofre antes do necessário, sofre mais que o necessário."*
**SÊNECA**

A Psicologia tem um teste muito conhecido para constatar o modo como a pessoa vê o mundo. Um copo com água pela metade é apresentado para uma plateia. Aqueles que são otimistas dizem que o copo está cheio até a metade. Já as pessoas pessimistas afirmam que falta água em metade do copo. Observe que todos estão dizendo a verdade, são realistas, mas percebem a realidade de maneira oposta.

A forma como aprendemos a enxergar o mundo constrói a realidade. Isso tem a ver com as crenças que carregamos desde a infância e moldam a nossa percepção. As crenças podem ser positivas ou negativas. As crenças positivas nos impulsionam para o crescimento e o bem-estar. As crenças negativas nos impedem de avançar e atingir objetivos.

A maioria das crenças negativas é inconsciente, ou seja, não sabemos que elas dominam nossos pensamentos e comportamentos. Quando alguma coisa dá errada, normalmente tendemos a pôr a culpa nos outros ou nas situações. É difícil imaginar que, por trás do fracasso, estão as crenças negativas. Em nossos cursos, quando pedimos para as pessoas escreverem suas crenças negativas, normalmente os papéis ficam em branco. Isso é a prova do quanto é difícil identificar o que nos sabota.

Observe os exemplos a seguir: por que nenhum negócio deu certo para o empresário? Por que algumas pessoas reclamam que nunca têm dinheiro? E quanto à mulher que sempre foi traída pelos namorados? Ou o funcionário que só trabalha com chefe injusto? O que essas pessoas têm em comum?

## A CRENÇA NA PRÁTICA

Você pode estar se perguntando: se a maioria das crenças é inconsciente, como posso identificar e me livrar delas? Podemos identificar as crenças negativas pelos resultados que obtemos em cada área de nossa vida.

O empresário que sempre fracassa nos negócios tem crenças negativas, "verdades" que acredita com todas as forças e impedem o sucesso. Quando as coisas não dão certo, ele começa a dizer: "eu não nasci pra isso!" ou "eu sempre confio nas pessoas erradas, até meu sócio me passou a perna". Mas, na verdade, ele alimenta crenças negativas que sabotam suas ações. Mesmo tendo potencial para prosperar, o empresário não realiza o necessário para chegar ao objetivo. A falta de confiança em si mesmo faz com que ele desista diante das dificuldades e logo o negócio afunda.

E aquelas pessoas que nunca têm dinheiro no bolso? Vivem dizendo que ganham mal, não dá para pagar as contas no final do mês e que é difícil guardar alguma quantia. Conhecemos pessoas que recebem aumento, fazem bicos, mas o dinheiro nunca é suficiente. Quanto mais recebem, mais gastam. Essas crenças negativas não permitem que as pessoas planejem e destinem uma quantia mensal para uma conta de investimento. Logo dizem: "investir é coisa pra rico!".

A mulher que sempre é traída ou o funcionário injustiçado têm baixa autoestima e postura de vítima. A crença negativa é que não se acham merecedores de reconhecimento. Sem perceber, tanto a mulher como os namorados têm padrão de comportamento que reforçam a crença de que ela não merece um companheiro fiel. O problema do funcionário não é a sorte ou o chefe, mas não ter postura que demonstre preparo e competência. Então, a saída é culpar os outros.

Você precisa se dar conta de que sua vida, em grande parte, é resultado de suas crenças, escolhas e ações. A visão limitada leva ao comodismo, nos deixa na condição de vítimas das circunstâncias. A pessoa que apenas reclama da vida, seja qual for o motivo, não será capaz de mudar sua condição. Ela sempre vai repetir o mesmo padrão de comportamento e contará histórias para justificar o porquê de seu fracasso.

## CAINDO EM UMA ARMADILHA

> "Não posso escolher como me sinto,
> mas posso escolher o que fazer a respeito."
> **WILLIAM SHAKESPEARE**

Eu, Cíntia, desde criança fui uma pessoa tímida, do tipo que gostava de brincar sozinha e grudava na saia da minha avó quando chegava alguém de fora. Eu era o patinho feio da família, quieta e sem atrativos. Fui crescendo e me tornei uma adolescente tímida. Tinha poucos amigos, preferia fazer trabalhos individuais e quase não saía de casa. Cheguei a me apaixonar por um garoto e, um dia, aconteceu algo inesperado. Ele se declarou para mim. Em vez de aceitar o namoro, morri de vergonha e acabei dizendo "não"! Inacreditável! Não me perdoei durante anos por aquela atitude.

Aí veio a faculdade. Sempre fui estudiosa, mas quando era obrigada a apresentar um trabalho em sala, ficava nervosa, vermelha e com frio na barriga, a cabeça doía e meu coração disparava. Às vezes tinha que correr para o banheiro para tentar me acalmar. Mesmo que tivesse estudado, o resultado era péssimo.

Como eu sempre passava mal nas apresentações, resolvi combinar com a minha equipe o seguinte: "sempre que tiver algum trabalho em grupo, faço a pesquisa, escrevo o texto, mas vocês apresentam". Meus colegas concordavam, já que a parte pesada ficava comigo. E assim, consegui me dar bem em algumas disciplinas e fui passando de ano.

Certo dia, um professor chegou à sala de aula e disse: "vamos começar as apresentações". Então, olhou para mim e disparou: "Cíntia Lopes, você vai ser a primeira hoje". Eu mal podia acreditar no que estava acontecendo, parecia um tiro à queima-roupa. Levantei-me tremendo da cadeira com todo mundo me olhando. Cheguei lá na frente e comecei a falar.

## TIRO DE MISERICÓRDIA

> "Nenhum problema pode ser resolvido pelo mesmo estado de consciência que o criou."
> **ALBERT EINSTEIN**

Foi simplesmente um desastre! Quanto mais eu tentava arrumar as besteiras que dizia, mais ia me perdendo. Parecia que as ideias estavam embaralhadas, eu gaguejava e não conseguia organizar meus pensamentos. Olhava para os colegas, uns pareciam ter pena de mim, outros faziam gracinhas. No desespero, abri o livro que eu segurava e li um trecho. Nada com nada. Nem eu entendia mais o que falava.

Eu estava me achando ridícula na frente dos meus colegas, do meu grupo, que esperava ter uma boa nota, e do professor, que me olhava com desprezo. Até que ele viu que não ia sair nada de bom dali e me mandou sentar. Atravessei a sala de cabeça baixa, segurando a vontade de chorar entre olhares e risinhos cínicos e me senti muito humilhada.

Como se não bastasse, então veio o tiro de misericórdia. O professor resolveu dar uma lição de moral para cima de mim. Ele começou a gritar dizendo que era absurdo um aluno universitário não saber falar sobre algo que estava sendo estudado. Ele foi simplesmente um carrasco comigo! Fiquei arrasada, segurando para não desabar no choro e me sentir pior ainda.

No dia seguinte, resolvi fazer alguma coisa. Comecei a procurar ajuda. Eu me matriculei em um curso de oratória para me forçar a falar. Também resolvi fazer terapia para entender o porquê de tanto medo. Mas não melhorei muito. O curso tinha muito blá-blá-blá e a terapia demoraria anos porque havia muitos pontos a serem tratados. Com todos esses obstáculos, eu desanimei. Precisava de resultados mais rápidos e que pudessem realmente mudar minha vida.

Dois anos passaram e eu continuava uma jovem tímida e com medo de me expor. Já estava quase para desistir. Tudo o que eu fazia não era suficiente para levantar minha autoestima e me dar coragem de falar em público. Sempre me perguntava: "por que não consigo compartilhar o que sei com as pessoas?". Poxa, eu estudava bastante, me esforçava, sabia que tinha conhecimento em vários temas. Mas nada...

## CAINDO NA REAL

Até que um dia estava pensando sobre o meu comportamento e por que me protegia tanto dos desafios. Não podia ser o medo por si só, afinal, eu não ia morrer por falar em público. Deveria ter algo a mais por trás desse sofrimento. Então, depois de refletir bastante, veio o *insight*. Eu me dei conta que não encarava os outros porque era vaidosa. A vaidade a que me refiro não é beleza física, mas querer parecer perfeita ao olhar dos outros.

Bingo! Matei a charada! Percebi que minha vaidade não suportava a crítica, a rejeição, tudo resultado de baixa autoestima. Eu era tímida e vaidosa porque não me permitia errar diante das pessoas. Queria ser perfeita para os outros, via apenas meus defeitos e tinha medo da crítica e de ser rejeitada. Perdia grandes oportunidades porque não tinha coragem de me expor, não queria parecer ridícula ou ignorante para os outros.

Fiquei horas refletindo comigo mesma: quer dizer que o tímido é vaidoso e egoísta? Simmmm! Eu nunca havia pensando nisso! Jamais alguém tinha me falado uma coisa dessas. Acabei me dando conta de que todo o medo que eu carregava era para me proteger, ser perfeita diante dos outros. Aí tudo começou a fazer sentido. Cheguei a uma dura conclusão: o medo estava me protegendo dos possíveis perigos que eu temia. Eu estava fazendo papel de vítima, impotente diante das dificuldades.

Minha vida deu uma reviravolta. Passei por uma mudança radical! Não queria mais ser uma mulher vaidosa, perfeccionista, fechada como uma concha, eu quis provar para mim mesma que podia ser diferente. Queria desafiar e derrotar a minha vaidade. Comecei a me permitir errar, afinal, ninguém faz uma apresentação maravilhosa nas primeiras vezes. Fui me dando conta que deveria me esforçar, saber o conteúdo da apresentação, mas não exigir um desempenho perfeito que somente existia na minha cabeça.

Mudei minha estratégia. Ao invés de me esconder, sempre que aparecia uma oportunidade, lá estava eu: falando diante das pessoas, mesmo com medo. Até porque esse sentimento nunca nos abandona, mas a gente desenvolve a capacidade de controlar o medo. Hoje sinto um grande prazer em falar para plateias de milhares de pessoas, mas sem as exigências do perfeccionismo.

## COMO A AUTOESTIMA INTERFERE NA COMUNICAÇÃO

> "Viva da sua imaginação, não da sua história."
> **STEPHEN R. COVEY**

Enriquecer depende do seu nível de autoestima. Não tem nada a ver com arrogância e superioridade, pelo contrário, a autoestima é o que pensamos a nosso respeito. A raiz dessa percepção está nas crenças que carregamos desde a infância. Se a pessoa se sente inferior a outra, se apenas vê defeitos e se autodeprecia, ela tem baixa autoestima. Se a pessoa possui uma autoestima equilibrada, se considera digna, merecedora e com potencial para superar as dificuldades.

Quem tem baixa autoestima dificilmente vai desenvolver seu potencial comunicativo. A pessoa acredita que não tem capacidade suficiente para falar diante das pessoas. Como na história que contei para vocês, imaginava os outros melhores do que eu. Não me achava qualificada e boa suficiente para estar diante das pessoas. Via tantos defeitos em mim mesma que acabava sendo difícil atrair a atenção das pessoas e passar credibilidade.

Por isso, a baixa autoestima somente atrai a pobreza. Nossa percepção de mundo fica apequenada, não nos julgamos capazes, não arriscamos, ficamos retraídos e não mostramos nosso valor. Ao longo de nossas carreiras, vimos muitas pessoas com potencial que simplesmente não decolaram na vida. Candidatos que não passam na entrevista de emprego, apesar de serem tecnicamente qualificados, alunos que ficam em pânico diante de uma exposição acadêmica e pessoas que ficam vários anos em uma empresa no mesmo cargo, escondidas e solitárias atrás de um computador.

A pessoa com autoestima equilibrada consegue desenvolver o potencial comunicativo. Quando você fala, precisa atrair a atenção, conquistar credibilidade e levar as pessoas à ação, seja para contratá-lo, comprar seu produto ou conhecer o talento que você tem. Em um mundo conectado e rápido, saber influenciar as pessoas é a chave para enriquecer, ter uma vida cheia de possibilidades.

## VOCÊ TEM AUTOESTIMA EQUILIBRADA?

Os aspectos físicos são um termômetro de sua autoestima. Pesquisas mostram como a linguagem corporal influencia o comportamento. A psicóloga norte-americana professora na Harvard, Amy Cuddy, se notabilizou mostrando que certas posições do corpo afetam os níveis de testosterona e cortisol no cérebro e podem impactar nas chances de ter sucesso. A pessoa que tem postura confiante, por exemplo, possui maior nível de testosterona e menor nível de cortisol (que aumenta o estresse). A pessoa que conquista algo tende a ser mais expansiva. Já a pessoa triste tende a ficar retraída e solitária. O corpo quer ocupar o mínimo de espaço possível.

Da mesma forma, há vários aspectos físicos e psicológicos que caracterizam uma pessoa com baixa autoestima. O corpo está em sintonia com o lado emocional, revelando seu estado psicológico, mesmo quando quer dissimular. Listamos alguns fatores que configuram a baixa autoestima quando aparecem de modo frequente.

**Aspectos físicos da baixa autoestima:**
- Negligência na forma de se vestir e na aparência;
- Falta de higiene corporal;
- Postura curvada e ombros caídos;
- Olhar voltado para baixo;
- Olhar desviante e sem brilho;
- Voz fraca e trêmula;
- Ansiedade constante;
- Obesidade ou extrema magreza;
- Passos vacilantes.

> Até alguém dizer genuína e honestamente: "sou o que sou hoje por causa das escolhas que fiz ontem", não poderá dizer: "eu escolhi outra história".
> **CÍNTIA LOPES**

**Aspectos emocionais da baixa autoestima:**
- Ansiedade e insegurança;
- Inveja e orgulho;

- Crítica constante a si mesmo e aos outros;
- Julgar ser melhor que os outros;
- Prepotência e autoritarismo;
- Vergonha frequente;
- Magoar-se com facilidade;
- Medo de não agradar e necessidade constante da aprovação externa;
- Dificuldade de vínculo com as pessoas;
- Agressividade e hostilidade, desqualificando as pessoas;
- Postura de vítima ou de herói;
- Pessimismo e falta de sentido na vida;
- Perfeccionismo e querer acertar sempre;
- Autossabotagem;
- Excessivo apego às regras.

> "Desespero é a matéria-prima de mudanças drásticas. Somente aqueles que podem deixar para trás tudo em que acreditaram podem esperar escapar."
> **WILLIAM S. BURROUGHS**

## VOCÊ TEM MEDO DE QUÊ?

Troque seu medo por amor.
**CÍNTIA LOPES**

O mundo atual é extremamente instável e você tem que se virar sozinho. É comum ficar com medo de não dar conta do recado. São tantas as demandas e obrigações que as pessoas chegam a ficar doentes. Você deve conhecer alguém que sofre de depressão ou ansiedade. Essas doenças mentais são cada vez mais comuns no mundo e entre os brasileiros. Isso não é frescura ou doença de rico, é a dura realidade. Muita gente está afastada do trabalho por causa desses males. Já pensou o quanto isso atrapalha a vida e rouba os sonhos? O medo excessivo deixa as pessoas deprimidas e ansiosas. Esse é o seu caso?

> "Passei a vida inteira com medo, medo das coisas que poderiam acontecer e das que poderiam não acontecer. O que eu descobri foi que o medo é a pior parte. Esse é o verdadeiro inimigo."
> **WALTER WHITE**

Quer ver como o medo nos atormenta o tempo todo? Faça o teste. Qual desses medos você já sentiu ou ainda sente?

- Você tem medo do futuro?
- De não dar conta da sua vida?
- Da opinião dos outros?
- Ser criticado?
- Expressar o que sente em público?
- Você tem medo de não agradar?
- De parecer ridículo? Medo de errar?

Quais desses medos têm mais a ver com você? A maioria das pessoas responde sim para todas as perguntas. É provável que você também tenha feito o mesmo. Esse é o termômetro que indica o quanto as pessoas estão reféns dos próprios medos. Se o medo é parte do ser humano e crescemos cheios de pensamentos negativos, como podemos nos livrar desse sentimento que sabota nossa vida?

Ao longo do livro, vamos apresentar estratégias para você colocar em prática o que discutimos até agora. Esses passos ajudarão a se livrar do medo que limita seus sonhos e impede o sucesso.

> Se você quer mudar seu destino, mude sua atitude!
> **CÍNTIA LOPES**

Todos os dias, ao acordar, escrevo na minha agenda: "hoje será o dia mais feliz e produtivo da minha vida". Por que faço isso? É como uma carta de intenções. Eu projeto o meu dia realizando todas as atividades que preciso e ainda coloco emoção positiva em tudo que faço. Esse sentimento me inspira e dá forças para enfrentar as possíveis dificuldades que terei durante o dia. E é incrível chegar ao fim do dia com tudo realizado e ainda satisfeita. Mesmo que bata o cansaço, eu me sinto feliz. Faça o mesmo. O treino constante e a força de vontade modificam as ideias, os comportamentos e a sua vida.

É preciso que reconheça que a capacidade de mudança está dentro de você e não nos outros. Não espere que apareça uma solução milagrosa ou que tudo se resolva por si só. Deixe a vaidade de lado e assuma que grande parte das coisas que acontece em sua vida, sejam elas positivas ou negativas, teve como causa o seu pensamento e a sua ação. Como refletiu o mestre Dalai Lama: Se você quer saber o que acontecerá no seu futuro, olhe para o seu presente. Assuma a responsabilidade por sua vida.

> "O que não enfrentamos em nós mesmos,
> encontramos como destino."
> **CARL JUNG**

Quando estamos com medo, nosso corpo está sob o efeito de adrenalina que nos deixa tensos e alerta para lutar ou fugir do perigo. Mas quando entramos em ação, a adrenalina é metabolizada e nos sentimos mais confortáveis. Por isso, mesmo sentindo medo, entre em ação. Depois que nos condicionamos a agir, as situações já não parecem tão ameaçadoras. Você começa a sentir gosto pelo risco, ganha experiência e passa a enfrentar as dificuldades com mais disposição. Uma pequena atitude desencadeia uma série de acontecimentos os quais nos levam rumo ao seu objetivo.

> "Você precisa fazer aquilo
> que pensa que não é capaz de fazer."
> **ELEANOR ROOSEVELT**

> Sempre se obtém sucesso ao
> produzir um resultado.
> **CÍNTIA LOPES**

# TRANSFORME SEU MEDO EM PODER

Todo mundo tem medo de alguma coisa, inclusive você. O medo é item de série do ser humano, serve para nos proteger de ameaças. O problema é quando essa emoção alcança proporções exageradas e acaba fazendo você refém. Aí vêm a frustração e o vitimismo, típicos de quem parou de tentar.

Qual é o seu maior medo? Morrer? Ficar doente? Acabar sozinho? Não ter dinheiro? Ser rejeitado? Perder o emprego? Ficar velho? Todos sofremos com esses medos. Você já se viu acordando no meio da noite e não conseguiu dormir mais, só pensando em tragédias que poderiam acontecer em sua vida?

Desde crianças, somos educados para ter medo. Agora é o medo de perder o emprego, o marido ir embora, as dívidas aumentarem e os filhos tomarem rumo errado na vida. Esses pensamentos negativos nos deixam sob um estado de medo constante. Mas há maneiras de lidar com esse sentimento. Vamos ver algumas estratégias para você transformar seu medo em poder.

O primeiro passo para você se libertar do medo é: reveja suas crenças limitantes ou "verdades" e observe padrões de comportamento que levam você a repetir os mesmos erros do passado.

Lembra-se daquelas vozes negativas que ficam martelando na sua cabeça? "Eu não consigo", "Eu não mereço", "Isso não é pra mim". Pare com esse martírio e faça um esforço para pensar positivo. Você já ouviu falar na lei da atração? "Semelhante atrai semelhante". Se você se tornar positivo, vai atrair pessoas e situações positivas.

O segundo passo para você se libertar do medo é: troque a culpa pela responsabilidade. Enquanto a culpa nos deixa passivos e ressentidos, a responsabilidade nos liberta, tornando a mudança possível. Aquele que tem culpa normalmente está preso ao passado, sente remorso, lamenta, mas sempre fica na mesma. Então, pare de se fazer de vítima e se responsabilize pelos resultados que tem alcançado em sua vida.

O terceiro passo para se libertar do medo é sinta medo, mas vá em frente. Nunca vamos perder totalmente o medo, mas podemos aprender a controlar esse sentimento para que ele não domine nossa vida. Sempre que a pessoa fica passiva diante de uma situação, o medo toma conta. Quando a gente age, o medo vai embora. Por isso, mesmo sentindo medo, entre em ação!

Se você quer ter sucesso na vida, comece agora a praticar os três passos e transforme seu medo em poder. Ao superar suas limitações, você se torna mais confiante e preparado para enfrentar novos desafios. Você nasceu para brilhar e merece ser mais feliz!

**Atividade: qual desses medos mais atrapalha a sua vida? O que você vai fazer a partir de hoje para se livrar do medo de falar diante das pessoas?**

_____

_____

# NORMOSE*

A maioria das pessoas vive de forma empobrecida, acomodada, alienada.
Pouco consciente.
Com pouca vitalidade.
Pouca alegria.
Pouca realização.
Normal... "Normótico".
Para que adoecer de tanto se preocupar?
Não se intoxique de tanta notícia ruim na televisão.
Não se deprima com conversas rasas sobre o que há de pior na humanidade.
Não se empanturre consumindo em excesso comida, conteúdo ou coisas aleatórias.
Em vez disso, se cuide. Volte a sua atenção para o que é belo, sublime, virtuoso...

---

* Conceito criado pelo Dr. Roberto Crema da Unipaz.

# SEU SUCESSO NA COMUNICAÇÃO DEPENDE DA SUA AUTOESTIMA

> "Eu não sou o que aconteceu comigo, eu sou o que eu escolhi me tornar."
>
> **CARL JUNG**

O seu sucesso na vida, inclusive na comunicação, é diretamente proporcional ao grau de autoestima que você possui. Veja como ela é importante. O ponto de partida para o aperfeiçoamento pessoal é o autoconhecimento. Isso ajuda a compreender e aceitar a nós mesmos como somos. Nosso ponto de partida pode ser uma avaliação honesta de nossos pontos fortes e fracos e por um desejo intenso de mudar a nossa mentalidade, nosso jeito de ser.

Há alguns anos, quando quase morria de medo de falar em público, não entendia por que me sentia tão miseravelmente instável e desconcertada diante das pessoas. Eu era estudiosa, lia e escrevia muito, participava de seminários e palestras, assistia a documentários de pessoas de sucesso, mas nada disso parecia ajudar no controle das garras do medo.

Eu não entendia na época que o ato de falar em público era apenas a ponta do *iceberg*. Os fundamentos para uma comunicação eficaz estavam além de técnicas de postura e organização do pensamento. Eu precisava curar a minha baixa autoestima e desenvolver amor-próprio. Só então pude dar passos certeiros rumo ao domínio do palco e da confiança na interação com as pessoas.

Por isso, é fundamental entender desde o início que existem muitos aspectos de nosso caráter e de nossa personalidade que contribuem para a autoestima. Para podermos mudar algo a nosso respeito, é preciso que aceitemos o fato de que existem coisas que podemos controlar e outras que não podemos.

A baixa autoestima geralmente resulta do efeito cumulativo da maneira como pais, professores, amigos, parentes, marido ou mulher, par afetivo ou qualquer pessoa importante nos trataram no passado e como reagimos a isso.

Não podemos mudar nosso passado, mas é possível mudar a maneira que ele nos afeta. Reconheça que não podemos controlar os outros ou a maneira que nos tratam, mas podemos controlar a forma como reagimos. Somente você tem poder sobre si mesmo. Ninguém pode deixá-lo zangado ou aborrecido ou fazê-lo se sentir inferior ou sem importância sem a sua permissão. É simplesmente impossível que outras pessoas influenciem qualquer uma de suas crenças, sentimentos ou emoções a não ser que você permita.

> "Ninguém pode fazer com que você se sinta inferior sem o seu consentimento."
> **ELEANOR ROOSEVELT**

A partir de hoje, assuma o compromisso de não deixar mais que as pessoas controlem a sua vida. Assuma o comando. Saiba que a maneira como você vive a sua vida é opção sua e de ninguém mais.

Fazer isso não exige uma mudança profunda na sua personalidade; é preciso apenas o compromisso tranquilo consigo mesmo de deixar seu passado, perdoar a si mesmo e aos outros por situações constrangedoras de pessoas que nos magoaram ou nos trataram mal.

Em vez de se concentrar nos fracassos e frustrações do passado, procure desfrutar da vida no presente e se concentrar nas possibilidades e realizações futuras.

## VOCÊ TEM AMOR-PRÓPRIO?

A base fundamental de um ser humano pleno, equilibrado e feliz é o amor-próprio. Se você não tem amor-próprio, tem poucas possibilidades de encontrar amor nos outros: invariavelmente, atrairá pessoas que o amem na medida em que você também se ama.

Se não confia em si, não se ama e se respeita o suficiente, tenderá a se sentir inseguro diante dos outros. Então, buscará sempre agradar ou agredir de acordo com o grau da sua autoestima. Por isso, ao amar-se, terá amor também para os outros, recebendo o amor na mesma proporção.

É comum presenciarmos tantas pessoas que se destroem por meio de mágoas, ressentimentos, ódios, drogas, depressões e crises de todos os tipos. A baixa autoestima é apontada por muitos terapeutas como um problema fundamental e frequente nas histórias de vidas e na origem de muitas doenças e fracassos.

Nada substitui a autoestima. Nem o amor dos outros por nós, tampouco os bens materiais que acumulamos. A falta de autoestima produz pessoas desequilibradas com a lei do amor. O autêntico amor ao outro nasce de uma elevada autoestima que torna o amor gratuito e fonte geradora de luz para o outro.

> "Baixa autoestima é como dirigir pela vida com o freio de mão puxado."
>
> **MAXWELL MALTZ**

No livro *Amor, Medicina e Milagres*, o médico oncologista Berne J. Siegel afirma que, na sua percepção, o problema fundamental da maioria dos pacientes, incluindo vítimas de câncer, é a incapacidade de amar por não terem se sentido suficientemente amados em algum período decisivo da sua vida, geralmente na infância. Já na idade adulta, as pessoas repetem contra si tal mecanismo de rejeição de que foram vítimas, tornando-se vulneráveis às doenças e as produzindo.

Hipócrates, pai da medicina moderna, já dizia que é mais fácil detectar o perfil de pessoa que tem determinado tipo de doença do que saber o que atacou tal pessoa. A saúde ou a doença resultam do estilo de vida. Por isso, muitas doenças foram classificadas como hereditárias, quando na verdade hereditária estava sendo a maneira de viver que causa a doença. A doença ou a saúde tem muito a ver com a personalidade do indivíduo. As doenças são meros reflexos que se cristalizam e se materializam. Para curá-las, é necessário atuar sobre as causas e não apenas eliminar os sintomas.

A autora norte-americana Louise L. Hay fazia uso da expressão "curar a vida" e não "curar a doença". A verdade é que, ao não fazermos mudanças internas, a doença aparentemente curada volta, ou então, a pessoa mesmo cria outra.

> "Amar a nós mesmos é algo que realiza milagres em nós mesmos."
>
> **LOUISE L. HAY**

## PERDOANDO E SE LIBERTANDO DO PASSADO

O ressentimento, a mágoa e a culpa são encontrados em mais de 90% das pessoas com câncer, segundo demonstram inúmeras pesquisas científicas. Outros estudos demonstram que uma pessoa ressentida tem a criatividade e a intuição bloqueadas. Portanto, são emoções prejudiciais e é fundamental libertar-se delas para ter uma vida saudável e feliz.

Vamos fazer uma prática agora? Se temos algum ressentimento com nossos pais, temos a tendência em reproduzi-lo em nossas vidas. Então, vamos curar isso.

**Exercício I**

Faça então um breve relaxamento. Coloque uma música que estimule a sensibilidade. Imagine se encontrando espiritualmente com o seu pai (mesmo que ele já tenha partido). Avalie se tem culpas em relação a ele. Mentalmente dê a ele as mãos, respire fundo e diga: "pai, cometi muitas falhas (relacione as que lembrar), muitas vezes não expressei o carinho que queria... Você me perdoa? Examine então, se tem alguma espécie de ressentimento com ele e perdoe também. Faça o mesmo com a sua mãe e outras pessoas com quem está ressentido.

## VOCÊ TEM O CORAÇÃO LIMPO?

Algumas pessoas ficam cultivando mágoas por anos a fio e não se dão conta do quanto isso pode estar na causa dos seus sofrimentos e daqueles que as rodeiam e gera um envelhecimento mais rápido e rouba a sua vitalidade. O universo e as pessoas crescem e evoluem. Quando se trata de pessoas com algum conhecimento de ordem espiritual, esse efeito negativo é mais forte, isso porque a sua própria consciência percebe contradição e a necessidade de uma vibração mais elevada.

**Exercício II**
Examine seu coração e veja se existem ressentimentos e mágoas com outras pessoas e os anote em uma folha. Depois escreva uma carta como se fosse enviá-la mesmo, na qual você expressa todos os seus sentimentos e procura se imaginar como se estivesse na pele daquela pessoa com as limitações dela. Escreva também que lições você aprendeu e como pode transformar aquela dor em aprendizado. Procure aprender as intenções positivas e as perdoe tanto quanto possa. Depois queime a carta, num breve ritual simbólico de purificação, se possível, à noite. Coloque-se num estado de relaxamento e imagine uma luz violeta purificando o seu coração e limpando todas as mágoas.

## DESFRUTANDO DO MOMENTO PRESENTE

O momento presente é o único em que são possíveis as mudanças. É no presente que podemos planejar nossas metas e fazer o que é necessário para alcançá-las. É no presente que podemos desfrutar das coisas que recebemos. É aí que podemos ter acesso à nossa criatividade e ao poder de realização.

O passado só tem ainda importância como referência para aprendermos. A única força do passado sobre nós são as representações que temos do que aconteceu ou mais precisamente, como vimos, ouvimos e sentimos o que nos aconteceu. Portanto, vá ressignificando e perdoando seu passado para ser um adulto saudável, cheio de vitalidade, alegria, entusiasmo e ações positivas para si e para os outros.

# MUDE A SUA HISTÓRIA, MUDE A SUA VIDA

O que deixa as pessoas estagnadas e com medo?
Crenças limitantes amarradas em história.
**CÍNTIA LOPES**

Por que para a maioria das pessoas é tão difícil mudar hábitos, comportamentos e atitudes? Por que muitos se arrastam pela vida sonhando com o que poderiam ser e fazer e ficam paralisados pelo medo e pelo comodismo? Como a especialista em crenças, Thaís Spézia, nos apresentará, de modo profundo, o que deixa as pessoas estagnadas e com medo são as crenças limitantes amarradas em história.

Enquanto você e eu não mudarmos o *script* mental e verbal que nos deixa aprisionados à forma antiga e desgastada de pensar e de agir, a mudança não acontecerá. É preciso limpar seu inconsciente de velhos programas, visões e modelos de mundo obsoletos, sair da caixa escura, úmida, apertada e sufocante das crenças enfraquecedoras.

Sim, você e eu podemos mudar. Podemos viver da nossa imaginação em vez da nossa memória. Podemos nos agarrar ao nosso potencial ilimitado em vez do nosso passado limitado. Dê adeus, finalmente, ao seu velho eu.

## POR ONDE COMEÇAR?

Comece mudando as palavras que você usa no seu dia a dia dentro da sua cabeça e com as pessoas. Se conversar com pessoas tristes e vitimizadas, ou seja, inconscientes do seu poder, falarão sobre as desgraças no noticiário, sobre o aumento dos preços no supermercado, discorrerão sobre o último diagnóstico dos seus exames, do quanto tudo está piorando nesse mundo digital. Quer um exemplo?

**Você:** — Bom dia! Como estão as coisas?
**Pessoa vitimizada:** — Ah... vamos ver se as coisas se ajeitam; vou indo; vamos levando; vamos ver no que vai dar; a gente era feliz e não sabia; está tudo piorando....

## EMPURRANDO COM A BARRIGA

Muitas dessas expressões parecem indicar que a pessoa está justificando suas dificuldades ou insatisfação. Mostram que há crenças negativas inconscientes que travam o desenvolvimento. Estão associadas a sensações de sofrimento, peso, desvalia, dúvida e baixa autoestima. Grande número de pessoas não faz o que quer, faz o que dá, dentro das limitações da sua percepção.

As limitações estão na sua percepção e não nas condições ao seu redor. Tomam como pressuposto que as condições de mudança não dependem de si. Desconhecem ou não querem acreditar que têm o poder de mudar e que existem instrumentos eficazes para mudar essas condições.

Perceba se existem inibições, medo da desaprovação ou de não ser aceito, medo do ridículo ou de não satisfazer determinadas expectativas dos outros, padrões rígidos ou limitantes, e vá libertando-se deles pouco a pouco, reencontrando a sua identidade e resgatando a espontaneidade e alegria de viver. Vá mais a fundo na raiz do seu inconsciente e perceba quais são as crenças limitantes que ainda traz do passado e que o impede de alcançar a excelência e a plenitude.

Se realmente quiser ser saudável, próspero e feliz, olhe para os seus pensamentos e sentimentos e perceba a cada momento a sua natureza. Consciente da sua força criativa, separe o joio do trigo e esteja sempre atento ao que você mesmo está criando. Recrie suas atitudes e uma forma de pensar e sentir mais positiva, aberta, amorosa e construtiva.

Para ser realmente saudável, próspero e feliz, lembre-se de quem realmente é; da sua natureza essencial, de onde veio e para onde vai. Reserve tempo todos os dias para se conhecer melhor e ampliar suas possibilidades e realizações. Descubra qual é o seu verdadeiro lugar no universo, qual é a sua missão para que o mundo fique melhor com a sua passagem. Reconheça os recursos que já possui e os que pode adquirir, em conjunto com outras pessoas, para construir algo grandioso e harmônico.

Assim poderá manifestar pelos seus sentimentos, pensamentos, palavras e atitudes criativas e saudáveis as sementes do mundo com que sonhamos, pleno de paz, harmonia, luz e amor.

"Até você se tornar consciente, o inconsciente irá dirigir sua vida e você vai chamá-lo destino."
**CARL GUSTAV JUNG**

Viver com qualidade é acreditar em si e na vida, é organizar-se, definir exatamente o que quer, avaliar bem e estruturar-se para fazer as coisas acontecerem do jeito desejado, sempre levando em conta a relação e a harmonia com o todo.

# EU MUDO, TUDO MUDA. LIVRE-SE DE CRENÇAS SABOTADORAS

> "Mostre-me seus resultados e eu lhe direi quais são as suas crenças."
>
> **THAÍS SPÉZIA**

Tudo aquilo que você acredita comanda e controla a sua vida. Você tem consciência disso? Se isso é fato, a grande questão é: quais têm sido os seus pensamentos mais comuns? Confira se alguns desses pensamentos a seguir fazem parte do seu dia a dia.

- Não levo jeito para fazer isso;
- Sou muito velho;
- As coisas precisam ser perfeitas para darem certo;
- Isso é difícil demais;
- Eu não consigo vender porque vender é se humilhar;
- Vendedores são chatos, e isso é o que eu não quero ser;
- Eu sou tímida e jamais vou conseguir me comunicar;
- Eu não tenho nada de interessante para falar;

- Eu não sou inteligente;
- É impossível ganhar dinheiro fazendo o que se ama;
- Nasci pobre e vou morrer pobre;
- Não tenho sorte.

Se essas afirmações pairam na sua cabeça, é porque você acredita nelas. Primeiro, ouvimos isso ser dito por outras pessoas, depois nós mesmos começamos a ter esses pensamentos e, de forma inconsciente, por meio de experiências, passamos a enxergar evidências disso no mundo.

Vamos pensar, por exemplo, que Cláudio tem um pensamento que afirma: "só merecemos as coisas boas por meio do esforço e trabalho árduo". Como acha que Cláudio alcançará as coisas? Sim, apenas por meio de muito esforço e trabalho árduo. Sua crença impede de alcançar as coisas boas de maneira fácil e leve.

Vejamos agora outro exemplo: João escutava repetidas vezes, desde pequeno, ao pedir algo para os pais: "menino, você acha que dinheiro dá em árvore?" ou "ganhar dinheiro não é para gente como nós". Como acha que será a vida financeira de João na fase adulta? Certamente, encontrará dificuldades em ganhar dinheiro. E para provar, de forma inconsciente, aquela informação que seus pais tanto martelavam, trouxe experiências para a própria vida, como: perder oportunidades, gastar mais do que necessário, atrair dívidas constantes, ou seja, uma vida financeira completamente escassa.

Veja como as crenças são profecias que mais cedo ou mais tarde se manifestam nos resultados que a pessoa obtém. Enquanto não trouxer para o consciente aquilo que acredita no seu íntimo, esses pensamentos influenciarão a sua vida e chamará de destino.

> "Quaisquer que sejam as situações que você tem diante de si, elas estão sendo geradas pelo seu sistema de crenças na sua mente subconsciente."
>
> **RHONDA BYRNE**

Imagine que, entre 6 a 10 anos de idade, os pais de Maria ressaltavam para os amigos e familiares que ela era tagarela, desajeitada e só falava besteira. Atualmente, quando Maria precisa falar em público, sente-se completamente confusa, frustrada e incapaz de falar com naturalidade.

Perceba como acumulamos crenças no subconsciente desde a infância. Quando acreditamos em uma palavra, conceito, alguma coisa vista ou lida, não importa, mas que foi repetido incessantemente e trouxe forte impacto emocional, a crença se instala no subconsciente e, de lá, passa a atuar na nossa vida.

Agora pergunto: quais resultados têm conquistado na sua jornada? Olhar para eles é o melhor termômetro para começar a tratar aquilo que é realmente está impedindo você de alcançar novos resultados. Para isso, a consciência é sempre o primeiro passo. Se não estiver consciente, não existe nada para mudar. Se não percebeu que sua mente está cheia de feridas e lixo emocional, não pode começar a limpar e curar os ferimentos. Portanto, continuará sofrendo. Se quer mudar seus resultados, precisa mudar a forma como pensa. Vamos transformar isso agora?

## DETECTANDO A CRENÇA NEGATIVA

Agora, abra seu coração e se entregue para esse processo transformador que o libertará das limitações da mente. Não pense muito, deixe a racionalidade de lado e permita que as respostas cheguem naturalmente. É provável que irá experimentar sensações no seu corpo; afinal as crenças são emocionais. Em seguida, faça cinco respirações profundas, acalme-se e siga sua intuição. As respostas irão brotar de dentro de você. Por favor, escreva nas linhas abaixo:

**1. Pense no seu objetivo em qualquer área da vida. Detalhe-o o máximo que você puder.**
*Por exemplo: quero sentir-me confiante e seguro sempre que estiver diante de um novo cliente.*

_____
_____
_____
_____

**2. O que você deveria fazer para alcançar esse objetivo? O primeiro passo...**
*Por exemplo: deveria ligar para clientes em potencial e criar oportunidades para apresentar meu produto ou serviço.*

_____
_____
_____
_____

**3. O que você faz no lugar do que deveria estar fazendo? (Não existe um não comportamento. Mesmo que esse comportamento seja dormir, estudar, caminhar, ler...)**
*Por exemplo: sempre que preciso ligar para um novo cliente, me distraio nas redes sociais. Quando me dou conta, estou conversando apenas com clientes antigos.*

_____
_____
_____
_____

**4. Uma pessoa que tem o objetivo de (Resposta 1- Querer se sentir confiante e segura sempre que estiver diante de um novo cliente), e que para alcançar o objetivo precisa (Resposta 2 - ligar para clientes em potencial e criar oportunidades para apresentar seu produto ou serviço), mas no lugar disso (Resposta 3 – se distrai nas redes sociais e, quando se dá conta, está conversando apenas com clientes antigos) que pensamentos/crenças uma pessoa que se comporta assim poderia ter?**
*Por exemplo: não me sinto bom o bastante. Não me sinto competente o suficiente. Tenho a sensação de que estou incomodando e sendo inconveniente. Acho que não consigo expor minhas ideias com clareza. Não tenho segurança para argumentar.*

_____
_____
_____
_____

**5. Quais desses pensamentos listados você sente que mais o impedem de alcançar seu objetivo?**
*Por exemplo: não me sinto bom o bastante diante de pessoas que considero importantes.*

_____
_____
_____
_____

**6. Sentença da crença (Escreva de uma forma que faça sentido para você).**
*Por exemplo: sinto-me incompetente diante de novos clientes.*

_____
_____
_____
_____

## DESATIVANDO A CRENÇA NEGATIVA

Agora, vamos desativar sua crença. Responda às questões a seguir tendo por base as respostas que descreveu nas questões anteriores.

**1. O que aconteceria se todo mundo pensasse assim?**
*Por exemplo: se todo mundo pensasse assim, empresas e clientes em potencial não conheceriam novos produtos e serviços. Não existiria a profissão de vendedor.*

Sua resposta – se todo mundo pensasse assim:

_____

_____
_____
_____
_____

**2. Como você sabe que isso é verdade? Onde você aprendeu, ou ouviu esse pensamento?**
*Por exemplo: talvez eu tenha aprendido isso com meus pais quando criança. Sempre ouvia meus pais dizerem que eu nunca daria nada na vida. Que bom mesmo, era meu irmão mais velho.*

Sua resposta – talvez eu tenha aprendido isso com:
_____
_____
_____
_____

**3. Você nunca vendeu antes para novos clientes? (Considere o seu objetivo. Exemplos: se comunicou em público, superou os conflitos) na vida? E como você se sentiu?**
*Por exemplo: eu já vendi produtos e serviços para novos clientes. Senti-me muito realizado fazendo isso.*

Sua resposta:
_____
_____
_____
_____

**4. Pense em três pessoas que você mais admira (parentes, amigos, pessoas famosas etc.). Se você estivesse tomando um café com essas pessoas e apresentasse essa crença, o que elas diriam?**

*Por exemplo: se meu esposo Luiz, minha amiga Maria e Abílio Diniz (reconhecido empresário brasileiro) ouvissem de mim que: "sinto-me incompetente diante de novos clientes" diriam que não faz sentido algum, haja vista que já conquistei novos clientes ao longo da minha trajetória profissional. Com preparo e conhecimento profundos sobre meus produtos e serviços, tenho a capacidade de conquistar qualquer tipo de cliente.*

Sua resposta – se fulano, ciclano e Beltrano ouvissem isso diriam:

_____
_____
_____
_____
_____
_____

**5. Agora busque a pessoa que você mais ama. O que você diria se ela falasse que (repita a crença)?**

*Por exemplo: se meu filho dissesse que se sente incompetente diante de novos clientes, eu diria que esse pensamento não se sustenta. Para conquistar novos clientes, basta ser uma pessoa de credibilidade e que conheça muito bem seu produto e serviço. Habilidades essas que reconhecidamente já vem desenvolvendo ao longo do tempo.*

Sua resposta – se fulano dissesse isso para mim, eu diria:
_____
_____
_____
_____
_____

**6. Agora, imagine-se na sua festa de 80 anos. Nessa idade você já tem mais sabedoria, percebe que conquistou muitos dos seus sonhos, é uma pessoa de sucesso, com paz, tranquilidade e muito realizada. Se você com 80 anos se observasse hoje e se visse dizendo que (repita a crença) o que você pensaria? (Lembre-se de que você tem 80 anos).** *Por exemplo: talvez daqui a alguns anos eu vá olhar para trás e dizer que minha crença era apenas um pensamento negativo e sabotador que roubava de mim as oportunidades de ganhar dinheiro e conquistar meus objetivos.*

Sua resposta – talvez daqui a alguns anos eu vá olhar para trás e dizer:
_____
_____
_____
_____
_____
_____

**7. O que é mais importante: comunicar-se melhor, saber vender, conquistar o sucesso ou continuar como está, sem realizações e frustrado(a)?**

*Por exemplo: para mim, é mais importante conquistar novos clientes para alcançar novo nível de ganhos e de realizações.*

Sua resposta – para mim, é mais importante:

_____
_____
_____
_____
_____

## 8. Qual a consequência de você continuar pensando assim? (repita a crença)

*Por exemplo: se eu mantiver a crença de incompetência, vou continuar paralisado diante de novas oportunidades, sentindo-me frustrado e culpado por não bater as metas que me propus.*

Sua resposta – se eu continuar pensando assim:

_____
_____
_____
_____
_____

## 9. Ressignificar a crença. (Dar um novo significado). Repita a crença e diga *isso não significa... significa que...*

*Por exemplo: diante de novos clientes não significa que sou incompetente, significa que apenas preciso me preparar melhor para lidar com possíveis objeções. Devo conhecer as particularidades do meu cliente e fazer com que meu produto ou serviço resolva os seus problemas.*

Sua resposta:
_____
_____
_____
_____

**10. Toda crença tem uma intenção positiva. Quando você criou esse pensamento você tinha a intenção de quê?**

*Por exemplo: eu criei esse pensamento com a intenção de me proteger dos "nãos" dos clientes e de evitar a dor de me sentir fracassado e frustrado. Mas o que eu estou conquistando é paralisia, falta de dinheiro, perda de admiração das pessoas que eu amo, fracasso e estagnação profissional.*

Sua resposta – eu criei esse pensamento porque queria (ou com a intenção de):
_____
_____
_____

Mas o que eu estou conquistando é:
_____
_____

**11. Que novos pensamentos positivos você pode criar a partir de agora para impulsionar seus resultados e conquistar a vida que você tanto quer? (Apresente pelo menos três pensamentos fortalecedores que apoiem e sustentem a sua nova crença.)**

*Por exemplo: ao me sentir preparado, posso falar do meu produto ou serviço com naturalidade e segurança; sei que represento um produto/serviço de valor, confiável e desejável pelos clientes. Ao olhar para o meu passado, posso contabilizar superações, clientes conquistados e grandes realizações. Sei, quero, posso e faço! Nasci para o mais absoluto sucesso.*

Sua resposta:
_____
_____
_____
_____
_____

Todos esses pensamentos que você acabou de ressignificar são limitações impostas pela sua própria mente. Você, quem você é de verdade, é ilimitado, o que significa que nada tem poder sobre você. Sinta e perceba que conquistou uma nova percepção sobre a sua crença antiga. Recebeu novas lentes. Está liberto. Repita o processo sempre que se perceber paralisado em alguma área da sua vida.

Caro leitor,

Trazer para a consciência e aceitar sem julgamento e culpa todos esses pensamentos que limitaram sua vida é o passo mais importante para quebrar as barreiras que existem em seu caminho. Desperte da vida medíocre que tem levado e perceba que você pode comandar seus passos e ser o protagonista da sua história. Em cada um de nós há um propósito maior, há uma essência que precisa ser cultivada com amor, alegria e coragem. Para segui-la, você precisa observar seus comportamentos, ações e limpar todos esses pensamentos tóxicos. Você não precisa mais do seu passado, não se preocupe tanto com o futuro, apenas esteja consciente do momento presente. Viver o hoje com consciência vai determinar a história que irá contar e os resultados do futuro que irá colher. Por isso se conheça, olhe para suas profundezas, expanda a sua visão e se dê conta de que você é mais do que qualquer pensamento e emoção. Você é poderoso, fonte divina de amor. Não acha que seria injusto estarmos aqui, impossibilitados de viver nossos sonhos? Reconheça que merece viver o que há de melhor! Afinal, se você muda, tudo muda!

Agora está pronto para criar e desenvolver novas crenças. Pensamentos positivos e poderosos em forma de afirmações que conduzirão você para uma nova percepção da realidade.

Para finalizar, liste 30 crenças fortalecedoras do porquê merece conquistar o seu objetivo:

**Exemplo:**
1. Gosto de me comunicar e as pessoas apreciam me ouvir.
2. Expresso-me com naturalidade e segurança em qualquer situação.
3. Estou em constante desenvolvimento, mereço bater metas e ganhar muito dinheiro.

> "É a repetição de afirmações que leva à crença. Quando essa crença se torna uma convicção profunda, as coisas começam a acontecer."
> **MUHAMMAD ALI**

Recomendação: leia todos os dias as suas afirmações, de preferência antes de dormir e ao acordar. Afirmações repetidas têm o poder de mudar as informações do seu subconsciente. Levante a sua vista para uma nova forma de pensar e de sentir sobre si mesmo e se prepare para desfrutar as dádivas da vida.

**Thaís Spézia**
**Analista Corporal e Especialista em crenças**
**IG: @thaisspezia**

# SETE PASSOS PARA SUPERAR O MEDO DE FALAR EM PÚBLICO E TER SUCESSO

> Você precisa se livrar da armadura que faz com que se torne invisível para o mundo!
> **CÍNTIA LOPES**

Você tem medo de falar em público? No dia a dia, fica cada vez mais difícil fugir a essa obrigação. O mercado de trabalho exige profissionais que saibam se comunicar e vender ideias. Se você prefere morrer a ter que enfrentar a plateia, saiba que é possível seguir alguns passos para domar o medo e fazer apresentações de sucesso.

- **Primeiro passo:** deixe a vaidade de lado. O medo de falar em público, na verdade, é o receio de se expor, de fazer papel de bobo e errar na frente dos outros. A vaidade impede que a pessoa corra riscos e fique vulnerável a erros. Enfrente as situações e não se preocupe com as críticas. Lembre-se de que somente a prática leva à excelência.

- **Segundo passo:** tenha conteúdo. Para que você sinta segurança, é preciso estar preparado. O público logo percebe quando a pessoa está enrolando ou não tem certeza daquilo que fala. Portanto, estude, reúna informações e domine o assunto. Se você vai falar durante 15 minutos, prepare-se para falar o dobro do tempo.

- **Terceiro passo:** faça um roteiro. Nada de improviso ou decorar o texto. Prepare sua apresentação de forma organizada com começo, meio e fim. Escreva as principais etapas da exposição e utilize frases que expressam uma ideia completa. Se puder, leve as anotações para servirem de apoio.

- **Quarto passo:** conheça seu público. Saiba quais são as expectativas e o nível intelectual das pessoas que vão assistir a sua apresentação. Procure sondar até que ponto a plateia conhece o assunto. Essas informações trazem mais segurança e possibilitam que você complemente a explanação com recursos adicionais como *PowerPoint*, histórias, dados e ilustrações.

- **Quinto passo:** atente para sua postura e tom de voz. Dirija o olhar a todos e se movimente para destacar uma informação e manter a atenção da plateia, mas sem exageros. Tenha gestos naturais e utilize o tom de voz de forma agradável. Evite ficar com as mãos nos bolsos ou com os braços cruzados. Sua expressão facial deve estar de acordo com o que você fala.

- **Sexto passo:** cuidado com a gramática e os vícios de linguagem. Utilize o tom coloquial e evite palavras que poucos conhecem ou termos técnicos. Erros graves de Português comprometem a sua imagem e põem em dúvida a sua credibilidade. Atente também para os vícios como "né", "entendeu?", "percebe", que demonstram insegurança.

- **Sétimo passo:** transmita emoção. Fale com naturalidade, energia e motivação. O público precisa perceber o seu envolvimento com o assunto. Lembre-se de que você tem a responsabilidade de despertar o interesse e contagiar a plateia.

Falar em público é uma questão de conhecer técnicas aliada à prática. Por isso, aproveite as oportunidades para fazer apresentações. Siga esses passos e parta para a ação. Não espere se sentir seguro ou a oportunidade ideal que nunca virá. Aja agora! Enfrente o medo e se lembre de que a pessoa de sucesso arriscou mais.

# FAÇA APRESENTAÇÕES QUE GERAM RESULTADOS POSITIVOS

Os três primeiros minutos de uma apresentação definem se você será escutado ou simplesmente aturado. Pessoas de sucesso sabem vender seus projetos, ideias e produtos usando a habilidade de conversar ou de fazer apresentações incríveis. Todo vendedor que deseja ter sucesso na vida e nos negócios precisa fazer seus clientes terem vontade de AGIR depois de escutá-lo.

Que desafio! Muitos profissionais competentes fracassam por não fazerem uma apresentação que convença. Talvez, nesse momento, você esteja preocupado com a apresentação que precisa fazer no seu trabalho ou frustrado pelo resultado sofrível que teve na última apresentação. Era um momento importante, mas você sente que não conseguiu expressar tudo o que havia preparado.

A toda hora, pessoas dentro e fora das empresas precisam fazer apresentações, seja para sua equipe, para um cliente importante, para vender, para fechar um negócio, para convencer sobre um ponto de vista, para passar informações fundamentais, para motivar e encantar plateias.

Um alerta: uma apresentação pode ser um grande problema, mostrando fraquezas de um profissional que não consegue se expor bem ou uma grande oportunidade de se valorizar e dar um salto na carreira; de vender qualquer coisa para qualquer pessoa ou plateia. Lembre-se: no momento que abre a boca, seus pensamentos desfilam para as pessoas. Portanto, prepare-se o máximo que puder. A sua naturalidade e segurança dependem do tempo que investiu no preparo da sua apresentação.

A seguir, apresento um manual, um guia prático para que fique atento aos pontos-chave de uma apresentação. Ao longo dos capítulos, vamos aprofundar cada um desses itens. Então, vamos às ações que garantem sucesso em cada etapa.

## CREDIBILIDADE

- Ética, ser exemplo e realizar trabalho de qualidade. Comunicadores antiéticos costumam ser identificados pelo público e perdem credibilidade. Devemos ser coerentes com o que dizemos; se você fala de qualidade de vida, precisa exalar bem-estar, saúde e tranquilidade. Imagine um médico que não transmite coerência entre aquilo que recomenda e os seus hábitos no dia a dia. Lembro-me da frase de Thomas Edison: quem você é grita tão alto que eu não consigo ouvir o que você está me dizendo.

- Deve-se demonstrar ser autoridade no tema. Como? Por meio de um currículo vasto de estudos na área, experiência de trabalho com o tema, resultados significativos. Atenção para fazer isso de maneira sutil, sem ser arrogante.

# ENERGIA

> "Onde você estiver, esteja por inteiro."
> **ECKHART TOLLE**

- Faça apresentações, tocando a alma das pessoas. Crie energia psicológica que faz com que as pessoas sejam inspiradas a realizarem aquilo que está defendendo.
- Os cinco primeiros minutos de uma apresentação definem se você será escutado ou apenas aturado. Portanto, demonstre energia e envolvimento com a plateia. Seja relevante. Seu tema tem que resolver um ou mais problemas de seus ouvintes.

# MÉTODO

- As etapas de uma apresentação bem-sucedida são: cumprimente as pessoas, agradeça a oportunidade, demonstre a relevância do tema, prometa brevidade, divida o tema em algumas partes, (recomendável até três) apresente dados estatísticos, pesquisas, provas materiais e científicas, conte histórias, apresente metáforas e analogias, refute possíveis objeções, recapitule o tema e finalize de maneira poderosa, levando as pessoas à reflexão e ação.

No planejamento, deve-se descobrir o objetivo central da palestra. A partir daí, monta-se um roteiro e vai estruturando a mensagem que quer passar. Lembre-se de motivar as pessoas a irem para a ação. A medida de uma apresentação eficaz tem relação com o grau de atitude e mudança de comportamento que as pessoas tiveram após participarem da sua exposição.

- Apresente pesquisas científicas para deixar a mensagem mais poderosa. Seja curioso e profundo! Só a partir daí começará a criação dos *slides*. Com o material pronto, é que começa a treinar, apresentando primeiramente para sua equipe, amigos ou gravando a sua fala para depois assistir. Vale ressaltar que uma apresentação nunca estará pronta; ela sempre pode ser aperfeiçoada.

- As pessoas precisam se enxergar, ou seja: se identificar em seu discurso. Assim, elas terão a incrível sensação de que você está falando especialmente para elas. Bingo!

- Procure ser diferenciado com uma marca registrada e única! Use estatísticas, *cases*, referências, curiosidades, fatos da sua vida para criar conteúdos impactantes. Vale frisar que comunicadores excepcionais têm o hábito do estudo e aprendizado constante, assistem a apresentações e leem livros grossos.

## PREPARO IMBATÍVEL

- Muito importante: numa apresentação, só utilizamos em média 10% do que sabemos e 90% fica de reserva para eventualidades, como as famosas perguntas após a apresentação. O ideal é sempre ensinar algo que outros não ensinam. Leia os dez melhores livros acerca do assunto. E tenha como referências trabalhos de pelo menos cinco maiores nomes do tema.

- Simplifique sua mensagem. Mas não significa ser superficial.
- Na parte de preparo da apresentação há elementos essenciais para turbinar a sua apresentação: título forte, vídeos tocantes, fotos criativas, músicas sensacionais, depoimentos emocionantes, mágicas intrigantes, dinâmicas. Sem esquecer se de ter *slides* que fisguem a atenção dos ouvintes. Não exagere, porém, no número de *slides*. Preconiza-se o uso de poucos *slides*: uma média de 10/15 para uma apresentação de 60 minutos.

## IMAGEM

- SLIDES: cor para fundo contrastando das letras (duas cores no máximo) e até dois tipos de fontes. Use poder de síntese com a "regra 5 por 5" – nunca mais que 5 frases por *slide* e nunca mais que 5 palavras por frase. Apenas trabalhar uma ideia por *slide* e incluir gráficos e tabelas sempre que possível. Como se diz por aí: imagens valem mais que palavras.

## PERSISTÊNCIA

- Na etapa do treinamento, devemos aceitar que podemos aperfeiçoar nossa apresentação deixando de lado o ego que anseia por elogios e aprofundar a análise a respeito das nossas falhas. O treino contínuo como um atleta olímpico deve incorporar todo conteúdo da palestra, ter posse do palco, construir vínculo com o público e manter nível alto de energia.

- Ainda no treino, deve-se garantir posse do palco sendo natural, demonstrando potência, energia e assertividade. Deve-se cuidar das expressões faciais, evitar ler *slides* e ficar olhando fixamente para eles. Perceba e analise sua plateia. Aceite que nunca vamos agradar a todos. Em geral, 5% criticarão. Elogie aqueles que participam da palestra.

## ROUPAS

- Aprecio a frase: não importa o que você diga, suas roupas dirão mais. Atenção especial para a roupa que vai usar. Você está em foco. Procure pesquisar quais as características do público, nível socioeconômico, a natureza do evento, nível intelectual e todos os detalhes que puder reunir para fazer boas escolhas sobre a indumentária.

## PRECAUÇÃO

- Leve *notebook*, roteiro por escrito e *pendrive* com a apresentação; chegue com antecedência, nunca comece se desculpando e sim agradecendo ao convite. Mantenha o controle, caso qualquer imprevisto aconteça, contemporize, contorne a situação.

## PREPARO EMOCIONAL

- Tire cinco minutos antes da sua apresentação para preparo vocal, alguns minutos de meditação; na sequência, feche os olhos e mentalize o que quer que aconteça no final da sua atuação. Imaginar, com clareza e riqueza de detalhes, sendo bem-sucedido na sua apresentação o deixará mais seguro e confortável durante todo o processo.

## EXERCÍCIO DE RESPIRAÇÃO PARA DIMINUIR OU ELIMINAR A SUA ANSIEDADE:

Volte a atenção para a sua respiração, relaxe os músculos do corpo, destrave o maxilar, solte a língua do céu da boca e suavize a expressão facial. Siga o exercício de respiração abaixo:

- Inspire pelas narinas por 3 segundos;
- Retenha o ar nos pulmões por 3 segundos;
- Exale o ar também pelas narinas, devagar, por 6 segundos.

Observação: a contagem deve ser mental. Caso você tenha maior capacidade respiratória, pode inspirar por 4 ou 5 segundos, segurar o ar por 4 ou 5 segundos, e exalar o ar por 8 ou 10 segundos (a expiração é sempre o dobro dos demais exercícios)

## OBTENDO O MELHOR

- Uma frase de Steve Martin que me inspira muito diz o seguinte: seja tão bom que ninguém poderá ignorá-lo. O aperfeiçoamento contínuo é fundamental para podermos brilhar em nossas apresentações. Para tal, nunca se dê por satisfeito, mantenha-se suavemente inseguro com o sucesso, afinal a inquietação de estar sempre buscando a melhora é que pavimentará a sua trajetória de alegrias, crescimentos e glórias.

> "Duas pequenas palavras que podem fazer a diferença. Comece AGORA."
> **MARY CROWLEY**

# RECURSOS PARA TORNAR A SUA APRESENTAÇÃO MEMORÁVEL

> "O efeito que você tem nos outros é a moeda mais forte que existe."
> **JIM CARREY**

A sua apresentação precisa ser apaixonante. Eletrizante. Memorável. Ao saírem da sua presença, as pessoas devem se sentir inspiradas e motivadas para agir de acordo com o objetivo que havia planejado. Você só conquistará ganhos favoráveis se de fato conseguir ajudar as pessoas com a sua mensagem.

A maioria das pessoas que faz apresentações não prepara as etapas com cuidado e simplesmente sai falando suas ideias sem criar pontos estratégicos para as pessoas reterem a essência da mensagem. Resultado: acham tudo interessante, mas não sabem o que fazer com aquelas informações. Não receberam o ímpeto necessário para agir.

Existem diversos recursos que pode utilizar para manter as pessoas atentas: vídeos, fotos, mágicas, músicas, histórias, roteiros com altos e baixos, suspense e vários outros artifícios que mexam com a emoção das pessoas.

Eu, particularmente, deixo a minha apresentação mais atraente da seguinte maneira: assim que eu tenho escrita a estrutura da mensagem, começo a preencher cada uma das etapas com exemplos, fatos, histórias, vídeos etc.

Para facilitar seu trabalho, apresento a seguir alguns pontos que precisa focar para deixar sua apresentação atraente e, principalmente, tocar o coração e a mente das pessoas.

## O INÍCIO DA SUA APRESENTAÇÃO DEVE SER FORTE

Use toda a sua criatividade para que o início da sua apresentação seja forte e emocionante. Se você causar uma impressão favorável ao começar a exposição, as chances de reter a atenção das pessoas até o final será maior. Vamos a alguns exemplos interessantes:

- Comece contando uma passagem pitoresca da sua vida e que tenha estreita relação com o tema que deseja falar. Pode ser, também, um fato bem-humorado e que leve à reação positiva das pessoas.
- Apresente uma estatística curiosa sobre o tema e que surpreenda as pessoas;
- Conte uma história interessante, que tenha suspense e leve a um final surpreendente;
- Demonstre um estudo científico que seja claro e de fácil entendimento;

- Faça uma teatralização, cante, recite poesia, ou seja: use o bom gosto e o bom-senso para quebrar o padrão previsível do comum e desgastado: "Bom dia", "Boa tarde", "Boa noite" – Gostaria de..." (Vamos detalhar mais no próximo tópico).

## INÍCIOS QUE ROUBAM A ATENÇÃO DAS PESSOAS E A SUA CREDIBILIDADE:

- Pedir desculpas por falta de preparado ou atraso. Você pode até reconhecer o seu atraso ou erro, mas não gaste ainda mais tempo se justificando;
- Iniciar com palavras vazias e inconsistentes. Exemplos: "antes de começar", "Bem", "Então", "Gostaria de agradecer", "Estou um pouco nervoso", ou ainda usar ruídos irritantes: "éééhhh", "humm", "ââânn";
- Começar contando piadas. As piadas podem ter um efeito contrário daquele que você imagina, ou seja: não obter a reação favorável das pessoas. Portanto, evite contar piadas no início da sua apresentação;
- Começar fazendo perguntas, quando não desejar as respostas. Cuidado para não deixar as pessoas intervirem na sua apresentação e perder o foco da sequência;
- Começar de modo previsível, usando expressões degastadas como: "é uma honra e um privilégio estar aqui na presença de vocês.', "Bom dia a todos, vamos dar início a nossa apresentação de hoje". "Espero corresponder com a expectativa de vocês". Fuja desse tipo de início. É previsível, chato e entediante.

Lembre-se: título forte, vídeos tocantes, fotos criativas, músicas, depoimentos, mágicas e dinâmicas e *slides* impactantes. Todos esses recursos bem administrados compõem uma orquestra que tornará a sua apresentação memorável.

Mostre para as pessoas que você tem algo muito valioso para elas.

Quando for preparar a sua apresentação, selecione informações que façam as pessoas perceberem que ganharão muito ao seguirem a sua orientação. Quando as pessoas assistirem a sua apresentação, geralmente três perguntas pairam na cabeça delas:

## QUEM É ESTA PESSOA QUE ESTÁ FALANDO PARA MIM?

1. O que ela está falando é relevante e tem a ver com a minha realidade?

2. Como posso usar essas informações para minha vida, negócio ou carreira?

Portanto, conheça muito bem o seu público, descubra tudo o que puder para ajustar a sua comunicação de acordo com as suas características e interesses. Compreenda o que essas pessoas anseiam em seu íntimo. Se seguir esses passos, o sucesso será inevitável. Supere-se e surpreenda!

> "Não finja até conseguir determinada coisa.
> Finja até se tornar determinada pessoa."
> **AMY CUDDY**

# SUA COMUNICAÇÃO DEVE LEVAR AS PESSOAS A AGIREM

> Palavras faladas com paixão podem mudar uma vida.
> Palavras inspiradoras podem mudar uma pessoa.
> Palavras certas levam a ações que podem mudar o mundo.
> **CÍNTIA LOPES**

Você quer atingir o sucesso por meio do poder da comunicação? Sim, eu sei que deve ser o seu objetivo ao ler e consultar este livro. Então, preste muita atenção nesse conhecimento que pode transformar a forma como atua junto às pessoas e do grau de resultado que conquista na vida.

Muitas pessoas falam, falam, falam. Fazem apresentações bonitas e interessantes. Mas a mensagem não tem potência e as suas palavras não criam estímulos fortes para gerar reflexão e ação para quem as ouve. Não há transformação. Não provocaram a mudança de comportamento nas pessoas. Foram palavras ao vento.

A qualidade da sua apresentação é medida pela sua capacidade de levar o seu público ou o seu cliente a uma ação. Não importa se você é presidente de uma empresa comunicando mudanças estratégicas que todos precisarão adotar a partir de agora ou se é um vendedor que precisa fechar um negócio.

Se as pessoas concordarem com você, acharem suas ideias interessantes, acenarem afirmativamente com a cabeça durante a sua fala, mas NÃO AGIREM, infelizmente, isso demonstra que NÃO foi eficaz. Você precisa dar um jeito de chegar ao seu objetivo: estimular as pessoas a comprarem seu produto, aderirem as suas sugestões para aumentar a produtividade ou se inspirarem no seu exemplo para mudar a vida para melhor.

> "Há um punhado de homens que conseguem enriquecer simplesmente porque prestam atenção aos pormenores que a maioria despreza."
> **HENRY FORD**

Tenha sempre em mente que não existe bate-papo na comunicação com os seus ouvintes. Você precisa agir de forma estratégica para conquistar o resultado que deseja. Ao fazer uma apresentação, seus principais objetivos podem ser:

- Ampliar a visão das pessoas para uma meta ousada e perceber que as pessoas estão motivadas para realizá-las;
- Apresentar seus produtos, serviços, propostas e fazer com que as pessoas comprem;
- Apresentar ideias em seu trabalho, receber a aprovação do seu chefe e perceber que seus colegas de trabalho aderiram a uma nova forma de agir;
- Demonstrar seu ponto de vista e se dar conta de que conquistou novos aliados;

- Expor suas ideias e perceber que as pessoas estão agindo com uma nova forma de pensar, baseada naquilo que você propôs;
- Construir argumentos sobre um determinado assunto e levar as pessoas a trabalharem intensamente de acordo com o que você planejou.

Se entender somente isso com clareza e verdade, o que vou ressaltar agora já terá valido a compra deste livro, e os seus resultados a partir de hoje o levarão, mais cedo ou mais tarde, ao merecido sucesso.

Meu objetivo com este livro é que aprenda a provocar um ESTADO DE AGIR nas pessoas após a sua apresentação. Não vai apenas aprender a fazer apresentações bonitas, interessantes, mas falar de um jeito que seus rendimentos financeiros aumentem de forma exponencial.

AÇÃO, AÇÃO, AÇÃO! Sim, a ação positiva das pessoas com as quais se comunica e de acordo com o que havia planejado é a verdadeira medida do seu sucesso como comunicador.

A ação como resultado da sua conversa, apresentação ou qualquer intervenção que tenha feito junto aos clientes ou pessoas da sua família e amigos é a maior evidência de que a sua atuação foi um grande sucesso.

Para levar as pessoas à ação positiva, deve levar em conta as estratégias e caminhos apresentados neste livro. Portanto, entregue-se e vamos juntos com fé e confiança.

> "Você vai realizar todos os seus sonhos se ajudar muitas pessoas a realizarem os sonhos delas."
> **ZIG ZIGLAR**

Quando você se propõe a ajudar o próximo, sua palestra se torna mais forte e eficaz do que se somente ficasse no campo das ideias e do seu interesse pessoal. Antes de fazer uma apresentação, faça esta pergunta para si mesmo: como vou ajudar essas pessoas a realizarem seus objetivos?

Ter como missão ajudar o próximo significa que tem um propósito maior do que aquele de apenas estar ali falando algo para um público que talvez nunca mais veja. Quando tem uma missão que resulta em ajudar as pessoas, trabalha com paixão e isso contagia as pessoas.

Sua paixão ao se apresentar é entusiasmo, é alegria, é energia vital que anima a todos que o ouvem. Essa é a base do seu carisma, que faz com que atraia a atenção das outras pessoas.

Apresento agora quatro fundamentos importantes para que leve o cliente ao SIM depois das suas apresentações. São eles:

1. Seja coerente com o que diz e faz;
2. Ofereça algo valioso para as pessoas;
3. Seja convincente e impactante;
4. Estimule as pessoas a agirem.

## 1. SEJA COERENTE COM O QUE DIZ E FAZ

Não se iluda. Você precisa ser a própria mensagem. O que significa isso? Quando estiver falando de um determinado assunto, seu ouvinte precisa perceber que vive as ideias que defende. Você deve respirar aquele tema. Precisa fazer parte das suas pesquisas e do seu dia a dia. As pessoas observarão e se colocarão em seu lugar.

Portanto, se estiver falando de sucesso financeiro, suas roupas precisam representar uma pessoa próspera. Seu carro precisa comunicar isso, suas atitudes e hábitos precisam ser de uma pessoa de sucesso. Você deve se relacionar e falar com pessoas ricas. Sim, você é a própria mensagem e todas as áreas da sua vida precisam expressar isso para que ganhe a credibilidade dos seus ouvintes.

Quando estou ministrando meu Curso de Comunicação Verbal, as pessoas esperam ver uma profissional que se comunica bem, com naturalidade e segurança, cuja história de vida reflete uma trajetória bem-sucedida na área de comunicação verbal e superação do medo. A sua energia, as suas palavras, o seu comportamento falam por si só, por isso, observe se tem sido exemplo daquilo que prega com tanto entusiasmo.

"O que você é fala tão alto que não consigo ouvir o que você está dizendo."
**RALPH WALDO EMERSON**

## 2. OFEREÇA ALGO DE VALIOSO PARA AS PESSOAS

Cada apresentação que fizer, seja para apenas um cliente ou para uma plateia, deverá ser um momento especial cuidadosamente preparado. Se disser apenas o que todo mundo fala o tempo todo para as pessoas, já nos primeiros minutos se desinteressarão pela sua apresentação.

Você precisa transmitir algo novo, inédito, exclusivo, que poucas pessoas sabem e comunicar de uma maneira toda especial.

Uma espécie de empacotamento bonito e bem apresentado do conteúdo da sua apresentação. Seja exigente consigo mesmo e com a qualidade do seu trabalho, seja um eterno estudioso inquieto e insatisfeito com o nível de conhecimento que possui. As pessoas sentirão toda essa energia de preparo e pararão para ouvi-lo.

> "Exige muito de ti e espera pouco dos outros.
> Assim, evitarás muitos aborrecimentos."
> **CONFÚCIO**

## 3. SEJA CONVINCENTE E IMPACTANTE

Olhos firmes e direcionados para o ouvinte, voz vigorosa com momentos de suavidade e silêncio estratégico; alternando bem o tom de voz, ora mais alto, ora mais baixo, farão toda a diferença no processo de convencimento da sua fala. Apresentar postura firme e ereta, movimentos com os gestos alinhados ao que você fala e semblante com emoção e entusiasmo são elementos que contribuem muito para uma atuação impactante. Ser convincente significa dar exemplos e bons argumentos para legitimar o que está dizendo.

> "Se eu acredito em Deus? Mas que valor poderia ter minha resposta, afirmativa ou não? O que importa é saber se Deus acredita em mim."
> **MÁRIO QUINTANA**

## 4. ESTIMULE AS PESSOAS A AGIREM

Peter Drucker, pai da Administração moderna, afirmou certa vez que mais 60% dos problemas nas empresas se resumem à falta de comunicação eficaz. A falta de clareza e a comunicação fragmentada são os principais vilões da baixa produtividade e dos conflitos entre as pessoas. Portanto, fale com paixão e envolvimento, sendo claro nas suas palavras, leve em conta a realidade do ouvinte para que ele possa agir após a sua intervenção. Seja cordial e amistoso e, sobretudo, estimule as pessoas a irem para a ação. Use o poder das suas palavras para criar a realidade que deseja tendo em vista o bem comum.

> Nada do que está claro para você pode estar claro na mente do outro se não for claramente comunicado.
> **CÍNTIA LOPES**

Lembre-se: ao finalizar suas apresentações ou uma simples conversa, deixe uma mensagem vigorosa e impactante para que as pessoas saiam da sua presença já planejando os passos que serão dados na direção do objetivo delas. Elas devem se sentir inspiradas, entusiasmadas, ressignificando pontos importantes da vida e com vontade de fazer acontecer.

**Sua mensagem final poderia ser algo como:**

1. Se olhar para o seu passado, vai ver que as situações de que você se lembra com mais orgulho são aquelas em que tudo parecia perdido e ousou confiar em si mesmo e avançar. Portanto, levante a cabeça e diga: eu posso!

2. Quando olhar para a sua vida, vai perceber que nunca desistiu do que era realmente importante para você. Agora, está vivendo uma situação semelhante; então confie e vá em frente.

3. Agora é momento de acreditar em você e fazer o que precisa ser feito.

4. Eu admiro e confio em você!

**Veja outras formas de terminar uma apresentação impactante:**

1. A vida quer te ver levantando, quer te ver se curando de corpo e alma. Persistindo. Prosperando da matéria ao espírito. Você merece. Sim, repita isso mil vezes até calejar seus ouvidos interiores: EU MEREÇO tudo o que há de melhor!
2. Fale com força, alegria e entusiasmo. Vamos lá!
AGORA EU SOU A VOZ!
EU LIDERO, NÃO SIGO!
EU ACREDITO, NÃO DUVIDO!
EU SOU A FORÇA DO BEM!
EU SOU UM(A) LÍDER!
3. Conheço pessoas de ação, que sempre serão de ação. Querem saber por quê? Eu lhes direi por quê. Porque sempre terminam aquilo que começam. (DALE CARNEGIE)
SOU INTELIGENTE,
SOU CAPAZ,
SEI, QUERO, POSSO E FAÇO.
A MINHA APRESENTAÇÃO SERÁ
UM SUCESSO!

Prepare sempre com muita atenção e cuidado o encerramento da sua apresentação. Esse é um momento muito especial e deve ficar na mente e no coração das pessoas. Portanto, seja criativo, seja envolvente e coloque muita força e energia para fazer as pessoas vibrarem com a sua presença.

*As pessoas não têm medo de falar em público, elas têm medo de errar em público.*
**CÍNTIA LOPES**

# MINDSET, COMO VOCÊ ENXERGA A REALIDADE?

> "Sua paixão pelo conforto assassina suas mais nobres aspirações. E depois, zombeteira, assiste-lhe o funeral."
> **GIBRAN KHALIL GIBRAN**

## VOCÊ SABE O QUE É MINDSET?

*indset* é uma expressão muito utilizada nos Estados Unidos. Adotamos essa palavra aqui no Brasil como sinônimo de "modelo mental", "sistema de crenças", "modo de pensar", filtro da realidade", mas podemos traduzir como "o modo de enxergar a vida".

Quando conversarmos com uma pessoa, um cliente, e ouvimos sobre os seus problemas, geralmente conseguimos entender o seu *mindset*, ou seja, a maneira dela ver a situação, dos filtros que utiliza para enxergar a realidade ou sobre o modo de se posicionar perante uma dificuldade.

## PADRÃO DE COMPORTAMENTO

Você já observou o que acontece quando uma pessoa conhecida se separa? Geralmente, ela culpa e responsabiliza o ex-cônjuge por alguma coisa, mas logo essa pessoa terá os mesmos problemas no próximo relacionamento. Ela não percebe que há programas no seu inconsciente que criam a realidade de novo e de novo.

Alguma vez se deu conta de que, quando uma amiga perde o emprego, a tendência a ser despedida no próximo trabalho é grande? Curioso perceber que as reclamações da pessoa sobre o seu novo chefe são as mesmas do emprego anterior.

As semelhanças entre o passado e o presente desses exemplos são evidências claras do filtro de realidade que essas pessoas têm. Se perceber o que acontece na sua vida, vai observar que existe um padrão de sucesso e outro de fracasso.

Nas coisas que tem sucesso, esse padrão se manifesta, por exemplo, na sua capacidade em construir novos relacionamentos, no seu talento para convencer as pessoas de alguma coisa. Mas pode perceber que há um padrão nas áreas em que fracassa.

Talvez seja na área afetiva, e então se dá conta: "Por que meus relacionamentos nunca duram mais que dois anos?", "Por que as pessoas vão perdendo a graça para mim?". Para encontrar essas respostas, pode criticar a era dos amores líquidos, a falta de comprometimento das pessoas, a volatilidade dos relacionamentos, ou até dizer que é você que não tem paciência com pessoas que não sabem o que querem da vida.

Mas a verdade é que, se parar para refletir de verdade e fizer um exame de consciência, perceberá que essas justificativas ou explicações não se sustentam. Você conhece pessoas que estão sempre viajando e que têm relacionamentos incríveis. Vários amigos têm a mesma profissão que a sua, vivem a tal "vida moderna" e ainda assim conseguem ter relacionamento estáveis e duradouros.

Então, percebe que as suas explicações para as dificuldades são baseadas em crenças adquiridas no passado, na sua forma particular de enxergar a realidade, e que falta coragem para encarar as suas verdades e desenvolver a garra, a força de tomar a decisão de mudar.

## COMO MUDAR A REALIDADE?

De fato, a causa maior dos nossos sucessos e dos nossos fracassos é o nosso *mindset*, ou seja, a nossa maneira de pensar, a nossa mentalidade, os filtros que usamos para enxergar a realidade. E que filtros são esses? A educação que recebeu dos seus pais, a igreja que frequentou, a cultura em que estava inserido, o lugar em que nasceu, os amigos que tinha; tudo isso construiu os filtros que desenharam a sua forma de pensar.

É comum as pessoas não entenderem por que a vida delas não dá certo, não avança. Elas estudam, fazem cursos, trabalham duro, esforçam-se, mas parece que os resultados não são compatíveis com a dedicação.

Isso pode acontecer também com a leitura deste livro. Se algo não mudar na sua forma de se comunicar com as pessoas, com o mundo, se nada mudar na sua mentalidade, nas suas atitudes, então teremos perdido nosso tempo juntos. Tudo vai continuar como antes, como se não tivesse aprendido nada.

A maioria das pessoas tem uma vida que não muda; desde o começo da vida adulta, apresenta um padrão de carreira com ganhos limitados por esse padrão. Eu sei que você conhece pessoas que, por mais que ganhem, estão sempre sem dinheiro.

> "A maioria dos homens vive uma existência de tranquilo desespero."
> **HENRY DAVID THOREAU**

Lembro-me de uma época da minha vida em que era muito próxima de um casal de médicos muito respeitados em suas especialidades. Eles tinham consultórios sempre cheios, o negócio tinha muita rentabilidade, mas, era comum, nas viagens entre amigos, não poderem ir juntos por falta de dinheiro. "Estamos quebrados", "estamos duros" esse mês.

## CULPA DO SEU MINDSET!

Se entender esse mecanismo, pode aumentar sua capacidade sempre. Você pode ser reconhecido e bem-remunerado por fazer o que faz. Para mudar, entenda como o seu *mindset* funciona. É como se fosse um recipiente, uma caixa, com uma determinada capacidade de armazenamento, no qual acumula determinada capacidade de amor, amizade, companheirismo, dinheiro.

Vamos imaginar que na sua caixa mental cabem, em média, 80 bolinhas de gude. Como essa caixa tem apenas espaço para 80 bolinhas, tudo o que acrescentar acaba escapando entre seus dedos.

A vida está sempre jogando novas bolas para você em forma de oportunidades. Por isso, tem sempre chances de crescer e evoluir. Mas o seu *mindset* limita a sua capacidade e não permite que tenha mais do que aquelas míseras 80 bolinhas.

> "Há quem passe por um bosque e só veja lenha para a fogueira."
> **LEON TOLSTÓI**

O universo é dinâmico, oferece infinitas possibilidades e vai arremessando as bolas, mas não ficam porque está "comprometido" de modo inconsciente em manter seu padrão de acordo com a sua limitação em perceber a realidade.

É o tamanho da sua caixa mental que determina quantas bolas reterá. São suas crenças a respeito dos relacionamentos que o farão se decepcionar com novos namorados depois dos dois anos ou criar um relacionamento de qualidade que valha uma vida.

É a sua fé na maravilha de ser próspero que o fará acreditar que pode ser rico, abundante. Se acreditar que há beleza no fato de ser pobre, dará um jeito de desperdiçar as oportunidades.

A vida da maioria das pessoas é um interminável desperdiçar oportunidades para provar para si mesmas que essa maneira limitada de verem a vida é correta. O problema não é a falta de dinheiro, de oportunidades ou de pessoas querendo ajudá-lo ou amá-lo. O problema é sua maneira de ver a vida.

O único modo de reter mais bolas, ou seja, de ter mais sucesso, dinheiro, reconhecimento e amor é aumentando o tamanho da sua caixa, aumentando a sua capacidade de reter as bolas.

Você pode fazer isso! Você pode prosperar desde que se permita isso. Ampliar sua maneira de ver o mundo é o único modo de ter mais riquezas, amor, amigos, alegrias, oportunidades e paz de espírito.

Quando a pessoa tem uma maneira positiva de ver o mundo, ela pode até ficar alguns dias desempregada, mas, de forma curiosa, em pouco tempo, encontra um novo trabalho, tão bom ou melhor que o antigo. Como num passe de mágica, a nova oportunidade aparece. Se não aparece oportunidade, dá um jeito de criar uma.

Assim também acontece com aquele amigo que termina um namoro de anos e, em alguns dias, já aparece com nova namorada, mais interessante ainda que a anterior. Enquanto isso, você reclama da falta de comprometimento das pessoas nos dias de hoje e não segura seu relacionamento por mais de dois meses.

Reitero: as oportunidades caem em nosso colo todos os dias, mas é a maneira particular de ver o mundo que filtra essas oportunidades para manter a capacidade da nossa caixa compatível. Aumente o tamanho da sua caixa para aproveitar melhor as chances na sua vida.

Por isso, para ser um comunicador de sucesso, você viu aqui muitas ideias novas, muitas possibilidades de ser uma pessoa próspera e sentiu o desejo genuíno de crescer. Mas para essa energia ficar viva, tem que ampliar a maneira como vê o seu trabalho.

Sei que deve estar se perguntando: "Por onde eu começo?". Eu respondo: observe as palavras que saem da sua boca sobre o tema. Avalie seus pensamentos, seus modelos mentais, a forma como percebe pessoas prósperas. É possível que você se dê conta de que tem crenças negativas sobre ser rico ou pobre.

**Quer exemplos?**
- Eu sou pobre, mas sou feliz.
- Dando para pagar os boletos, o que eu ganho está ótimo.
- O dinheiro afasta as pessoas daquilo que realmente importa.
- O dinheiro não é de Deus, não é espiritual.
- Comigo é diferente, sempre dá tudo errado.
- Isso não é pra gente como nós.
- Você já viu como na vida dos ricos só tem desgraça?
- Sorte no dinheiro, azar no amor.
- E por aí vai... a lista pode ser interminável.

O fato é que, se não aceitar a grandeza de ser rico, vai dar um jeito de se comunicar de qualquer jeito, de forma distraída e sem foco. Mas se quiser prosperar, colocará em prática as estratégias deste livro e a sua vida dará um salto espetacular.

Perceba que se tiver um limite que o faz acreditar que só pode ganhar pouco dinheiro, sempre encontrará um jeito de jogar as oportunidades fora. Sabe o que mais ouço nos meus cursos, palestras e consultorias?

"Ah, Cíntia, eu gosto de ser natural, falo do meu jeitinho mesmo, da forma que tô afim." (E continuo não fechando negócios, não criando parcerias, não absorvendo as oportunidades de crescimento, não conquistando a autoconfiança necessária para dar saltos maiores).

Ainda na época da faculdade, li uma história incrível que impactou a forma como eu enxergava a realidade. Ensinou-me a não ser mais vítima das circunstâncias, a ser gestora da minha vida. Mudou a minha percepção sobre os acontecimentos da vida. Veja que poderosa.

## SORTE OU AZAR

Era uma vez um menino pobre que morava na China e estava sentado na calçada do lado de fora da sua casa. O que ele mais desejava era ter um cavalo, mas não tinha dinheiro. Justamente nesse dia passou em sua rua uma cavalaria, que levava um potrinho incapaz de acompanhar o grupo. O dono da cavalaria, sabendo do desejo do menino, perguntou se ele queria o cavalinho. Exultante, o menino aceitou. Um vizinho, tomando conhecimento do ocorrido, disse ao pai do garoto: "Seu filho é de sorte!". "Por quê?", perguntou o pai. "Ora", disse ele, "seu filho queria um cavalo, passa uma cavalaria e ele ganha um potrinho. Não é uma sorte?". "Pode ser sorte ou pode ser azar!", comentou o pai.

O menino cuidou do cavalo com todo zelo, mas um dia, já crescido, o animal fugiu. Dessa vez, o vizinho disse: "Seu filho é azarento, hein? Ele ganha um potrinho, cuida dele até a fase adulta e o potro foge!". "Pode ser sorte ou pode ser azar!", repetiu o pai.

O tempo passou. Um dia o cavalo voltou com uma manada selvagem. O menino, agora um rapaz, conseguiu cercá-los e ficou com todos eles. Observou o vizinho: "Seu filho é de sorte! Ganha um potrinho, cria, ele foge e volta com um bando de cavalos selvagem". "Pode ser sorte ou pode ser azar!", respondeu novamente o pai. Mais tarde, o rapaz estava treinando um dos cavalos, quando caiu e quebrou a perna. Veio o vizinho: "Seu filho é de azar! O cavalo foge, volta com uma manada selvagem, o garoto vai treinar um deles e quebra a perna". "Pode ser sorte ou pode ser azar!", insistiu o pai.

Dias depois, o reino onde moravam declarou guerra ao reino vizinho. Todos os jovens foram convocados, menos o rapaz que estava com a perna quebrada. O vizinho: "Seu filho é de sorte...".

Assim é na vida, tudo que acontece pode ser sorte ou azar. Depende do que vem depois. O que parece azar num momento, pode ser sorte no futuro.

É uma história inspiradora, não é? Tudo depende da perspectiva com que você olha para as coisas. Quando se observar remoendo pensamentos limitantes, pare, respire, inspire e analise a origem dos seus pensamentos. Fale com as pessoas que você ama sobre a sua mentalidade. Abra o seu coração e fale bastante até que, aos poucos, incorpore uma forma de pensar mais ampla, mais próspera e rica.

> "Você não pode mudar o vento, mas pode ajustar as velas do barco para chegar aonde quer."
> **CONFÚCIO**

Pare um pouco. Vamos finalizar aqui nossa conversa sobre *mindset*, na certeza de que levantará a vista para ver a vida diferente a partir de agora.

Tão importante quanto fazer apresentações, falar de maneira vigorosa com as pessoas, inspirar vidas, é a atitude de saber escutar. Você tem escutado as pessoas da sua convivência, olhando-as nos olhos?

Não é apenas a oratória que é importante; a escutatória, como dizia nosso querido poeta Rubem Alves, que toca o coração das pessoas.

Sinta sua mensagem sublime:

> O que as pessoas mais desejam é alguém que as escute de maneira calma e tranquila. Em silêncio. Sem dar conselhos. Sem que digam: "Se eu fosse você". A gente ama não é a pessoa que fala bonito. É a pessoa que escuta bonito. A fala só é bonita quando ela nasce de uma longa e silenciosa escuta. É na escuta que o amor começa. E é na não-escuta que ele termina.
>
> **RUBEM ALVES,**
> **O AMOR QUE ACENDE A LUA, 1999.**

# POTENCIALIZE A SUA COMUNICAÇÃO CONSIGO E COM OS OUTROS

> "Se você quer passar para um nível de vida mais elevado, tem que estar disposto a abrir mão de alguns dos seus velhos modos de ser e pensar e adotar novas opções. No fim, os resultados falarão por si mesmos."
>
> **T. HARV EKER**

Você quer tornar a sua comunicação ainda mais eficaz e envolvente? A boa notícia é que há recursos riquíssimos encontrados na Programação Neurolinguística e na Neurociência e que servem de estímulos para expandir a nossa percepção da realidade e a capacidade de maior intervenção junto às pessoas.

São conhecimentos trazidos da vida prática e que tornam a nossa capacidade de conexão com as pessoas mais abrangente. Durante a minha trajetória profissional, fui reunindo vários pressupostos da comunicação que ajudam no desenvolvimento da capacidade de abstrair e ampliar a nossa visão sobre o processo de comunicar. Vamos a eles?

O mapa não é o território. Nossas percepções e representações mentais não são o mundo. Reagimos aos nossos mapas, representações, que incluem a interpretação pessoal em vez de reagir diretamente aos fatos do mundo. Muitas vezes não podemos mudar o mundo, mas podemos mudar a forma como o vemos, nossas sensações e interpretações. Nossa representação interna é influenciada basicamente por nossas interpretações, sensações, experiências anteriores, preferências, valores, crenças e critérios, por isso cada pessoa forma uma percepção única e diferenciada do mundo em que vive. Ao estarmos conscientes disso, podemos ficar atentos ao processo interno, possibilitando fazer uma distinção entre o que de fato é realidade e o que consideramos a partir da nossa experiência interna.

As experiências possuem uma estrutura própria. Nossos pensamentos e recordações possuem um padrão específico. Quando mudamos esse padrão ou estrutura, nossa experiência muda automaticamente. Podemos neutralizar lembranças desagradáveis e enriquecer outras que nos serão úteis por uma série de procedimentos que podem ser aprendidos por qualquer pessoa. Assim, é preciso ter presente que cada pessoa tem padrões diferenciados. Torna-se mais fácil estabelecer empatia se estivermos atentos a essas diferenças.

Se uma pessoa pode fazer algo, todos podem aprender a fazê-lo também. Podemos aprender como é o mapa mental de um grande realizador, com suas estratégias e crenças e procurar modelá-lo naquilo que escolhemos. Isso é necessário quando queremos desenvolver uma habilidade. Muita gente pensa que certas coisas são impossíveis, sem nunca ter se disposto a fazê-las. Experimente fazer de conta que tudo é possível. Se existir um limite físico ou ambiental, o mundo da experiência vai lhe mostrar isso.

Corpo e mente são partes do mesmo sistema e atuam um no outro. Nossos pensamentos afetam instantaneamente nossa tensão muscular, respiração, sensações e emoções. Esses, por sua vez, afetam nossos pensamentos. Quando aprendemos a mudar um deles, aprendemos mudar o outro. Tudo o que acontece em nossos sentimentos e emoções afeta nossos pensamentos e fisiologia. O estado interno atua sobre o corpo pela liberação de hormônios e endorfinas e, dependendo do que vivenciamos em nossas emoções e sentimentos, isso pode influenciar tanto a nossa bioquímica, que pode estimular ou inibir o sistema de defesa do organismo, o sistema imunológico.

As pessoas já possuem todos os recursos de que necessitam. A construção dos recursos mentais e físicos são feitos a partir de imagens mentais, diálogos internos, sensações e sentimentos. Podemos usá-los para construir qualquer pensamento, sentimento ou habilidade que desejarmos, colocando-os depois nas nossas vidas onde quisermos ou precisarmos. Assim, ao tentarmos auxiliar outras pessoas, torna-se mais efetivo partir de seus recursos internos, a provocar a partir de fora alguma mudança.

É IMPOSSÍVEL NÃO COMUNICAR

Quer queiramos ou não, estamos sempre nos comunicando, pelo menos não verbalmente. Um suspiro, sorriso ou olhar são formas de comunicação. Até nossos pensamentos são formas de comunicar conosco, e eles se revelam aos outros pelos nossos olhos, tons de voz, atitudes e movimentos corporais. As palavras são quase sempre a parte menos importante, ao contrário do que acredita a maioria das pessoas. Geralmente, mais da metade do impacto final de uma comunicação acontece num nível não verbal.

O significado da sua comunicação é a reação que você obtém. Os outros recebem o que dizemos e fazemos por meio das suas representações internas do mundo. Quando alguém ouve algo diferente do que tivemos a intenção de dizer, é a nossa chance de observarmos que comunicação é o que se recebe. Observar como a comunicação é recebida nos permite ajustá-la para que da próxima vez ela possa ser mais clara. Um instrumento poderoso disso é o *feedback*, do qual trataremos adiante.

Todo comportamento tem uma intenção positiva. Acreditamos que todos os comportamentos prejudiciais ou mesmo impensados tiveram um propósito originalmente positivo. "Gritar para ser reconhecido". "Agredir para se defender". "Esconder-se para se sentir mais seguro". Em vez de rotular, tolerar ou condenar essas ações, podemos separá-las da intenção positiva daquela pessoa para que seja possível acrescentar alternativas mais atualizadas e positivas a fim de atender a mesma intenção. Assim, podemos auxiliar uns aos outros a crescer e reestruturar nossa experiência de uma forma mais produtiva e harmônica. Outra forma de dizer isso é que se costuma ter um ganho secundário ao se enfrentar dificuldades, embora geralmente isso não seja em nível consciente.

Sempre fazemos a melhor escolha possível. Cada um de nós é único e tem a própria história. Por meio dela, aprendemos o que querer e como querer, o que valorizar e como valorizar, o que aprender e como aprender. Essa é a nossa experiência. A partir dela, devemos fazer todas as opções, ou seja: até que outras novas e melhores sejam acrescentadas.

Se o que você está fazendo não está funcionando, faça outra coisa. Se sempre faz o que sempre fez, conseguirá o que sempre conseguiu.

Se quer algo novo, faça algo novo, especialmente quando existem tantas alternativas e outras tantas podem ser criadas. É frequente as pessoas manifestarem uma tendência a repetirem mecanicamente uma série de padrões, numa espécie de compulsão à repetição. Para mudar esses padrões limitantes, é necessário percebê-los e agregar escolhas mais benéficas.

> "Quando fui para a escola, me perguntaram o que eu queria ser quando crescesse. Eu escrevi: feliz. Eles me disseram que eu não havia entendido a tarefa e disse a eles que não tinham entendido a vida."
>
> **JOHN LENNON**

# VOCÊ SABE DAR E RECEBER FEEDBACK?

> "É uma coisa boa ter habilidade, mas a capacidade de descobrir habilidade nos outros é o verdadeiro teste."
>
> **ELBERT HUBBARD**

Para nos comunicarmos melhor com os outros, é essencial aprender a dar e receber *feedback*, que é um processo de ajuda para a mudança de comportamento. Isso possibilita um aumento de competência interpessoal. *Feedback* eficaz pode ajudar o indivíduo ou grupo a melhorar seu desempenho. Oferece informações sobre como sua atuação está afetando outras pessoas e assim alcançar seus objetivos.

## DIFICULDADES DE DAR E RECEBER FEEDBACK

É difícil aceitar nossas dificuldades, falhas ou ineficiências e ainda mais admiti-las para os outros, especialmente em público. Algumas atitudes que reforçam essas dificuldades:

- Autoexigência que se traduz no perfeccionismo em que a pessoa não se permite errar. Imagina que só tem valor

se for infalível e que, se admitir suas falhas, perderá o respeito e a admiração dos outros.
- Exigência em demasia dos outros.
- Dificuldade de não saber lidar com a situação. Quando erra, entra em conflito.
- Receio da opinião alheia.
- Sensação de sua independência ser violada ou negado o apoio que esperava.

Quando percebemos que estamos contribuindo para manter o problema e que precisamos mudar para resolvê-lo, podemos reagir defensivamente.

- Paramos de ouvir: desligamos, utilizando um mecanismo de defesa consciente ou inconsciente.
- Negamos a validade do *feedback*.
- Agredimos o comunicador apontando-lhe também seus erros.

Às vezes, a solução de um problema pode significar descobrir e reconhecer algumas facetas da personalidade que temos evitado ou desejado evitar até de pensar.

"Peça *feedback* a pessoas com origens distintas. Cada uma lhe dirá uma coisa útil."
**STEVE JOBS**

## DIFICULDADES PARA DAR FEEDBACK

Gostamos de dar conselhos e com isso nos sentimos competentes e importantes. Não devemos usar o *feedback* como forma de mostrar nossa inteligência e habilidade, mas pensar na sua utilidade para o receptor e seus objetivos.

Podemos reagir somente a um aspecto que vemos no comportamento do outro, dependendo das nossas motivações, com isso nos tornamos parciais e avaliativos, servindo o processo de *feedback* como desabafo, alívio de tensão ou agressão, velada ou manifesta.

Podemos temer as reações do outro, sua mágoa, agressão, ressentimento, em outras palavras: que o *feedback* seja mal interpretado, posto que, na nossa cultura, o processo de *feedback* ainda é percebido como crítica e tem implicações emocionais afetivas e sociais fortes, tanto do ponto de vista de amizade (ou sua negação), *status*, competência e reconhecimento social.

Se o receptor se torna defensivo, podemos tentar argumentar mais para convencê-lo ou pressioná-lo. Assim, reagimos com mais pressão e aumentamos a resistência (defensividade), o que acontece tipicamente em polêmicas que se radicalizam.

Muitas vezes não estamos preparados psicologicamente para receber *feedback*, não desejamos nem sentimos necessidade. Pouca ou nenhuma prontidão perceptiva constitui verdadeiros bloqueios à comunicação interpessoal. Se insistirmos no *feedback*, a pessoa poderá duvidar dos nossos motivos, negar a validade dos dados, racionalizar, procurar justificar-se. Esse comportamento traz resistência tanto para quem dá quanto para quem recebe *feedback*.

## Como superar as dificuldades:

- Estabelecendo um *rapport*, uma relação de confiança recíproca para diminuir as barreiras entre o comunicador e o receptor;
- Reconhecendo que o *feedback* é um processo de exame conjunto;
- Aprendendo a dar *feedback* de forma habilidosa, sem conotações emocionais intensas;
- Aprendendo a ouvir e receber *feedback* sem reações emocionais defensivas intensas;
- Percebendo a necessidade de *feedback*, tanto positivo quanto negativo. Precisamos saber o que estamos fazendo inadequadamente, como também o que conseguimos fazer com adequação, de modo a poder corrigir falhas e a mantermos os acertos;
- Reconhecendo os dados subjetivos referentes a sentimentos e emoções como importantes. Por exemplo: "quando você se comportou daquela forma, me senti numa situação muito desagradável". Isso não tem por objetivo invalidar os motivos da outra pessoa, apenas indicar como a ação repercutiu em nós. Não sabemos por que agiu assim; sabemos, porém, como o seu comportamento nos fez sentir.

Quando recebemos *feedback* de alguém, precisamos confrontá-lo com a reação de outras pessoas para verificar se devemos modificar nosso comportamento de maneira geral ou somente em relação àquela pessoa.

> "A vida começa no final da sua zona de conforto."
> **NEALE DONALD WALSH**

## Como tornar o *feedback* mais útil e eficiente:

- Descritivo, não avaliativo. Quando não há julgamento ou uma linguagem avaliadora, reduz-se a necessidade de reação da outra pessoa a uma forma defensiva.
- Específico e não geral. Em vez de dizer: "você está sempre procurando controlar tudo", melhor seria especificar o momento em que a pessoa apresenta tal atitude: "nesse encontro, você fez o que costuma fazer outras vezes, não ouviu a opinião dos demais e fomos pressionados a aceitar a sua decisão".
- Levar em consideração as necessidades e motivações daquele que recebe *feedback*.
- Dirigir-se ao comportamento que pode ser modificado. De outra maneira, aumentamos a frustração, se o receptor reconhecer falhas naquilo que não está sob seu controle mudar.
- Deve ser solicitado e não imposto.
- Em momento oportuno. É muitas vezes mais eficiente se for oferecido logo após o fato. Outros fatores também influenciam, como o preparo da pessoa ou do grupo para ouvi-lo, o apoio dos outros, o clima emocional.
- Esclarecido para assegurar comunicação mais precisa. Pode-se fazer com que o receptor repita o *feedback* recebido para ver se corresponde ao que o comunicador quis dizer.

Quando o *feedback* ocorre em um grupo, pode-se verificar com os outros membros se é uma impressão individual ou é compartilhado por outros.

A comunicação interpessoal tem a sua complexidade. Sabemos que é um desafio seguir e colocar em prática esses caminhos propostos. Contudo, esse é um esforço diário e persistente para tornar as relações cada vez mais saudáveis e abertas, promovendo bem-estar e crescimento para todos.

> "Todos precisam de *feedback*, e é muito mais barato do que pagar um treinador."
> **DOUG LOWENSTEIN**

Como podemos melhorar as nossas habilidades de relacionamento?

Para desenvolver as habilidades de relacionamento, é preciso estar com a mente livre ao que acontece no aqui e agora ou atenta às necessidades, motivações e desejos dos outros.

É necessário desenvolver o interesse genuíno pelos outros, procurar conhecê-los, ouvi-los, compreendê-los e expressar-se com naturalidade e autenticidade. Para isso, é necessário conviver, compartilhar, trocar experiências, dar e receber afeto, desenvolver a sensibilidade social. Atenção, paciência e resiliência são qualidades valiosas.

Os movimentos, os gestos, o mover dos olhos, a respiração, o ritmo, volume e timbre de fala, entre outros, são indicadores para perceber o que já se passa internamente com o indivíduo. A comunicação limpa, clara e autêntica pode trazer mais qualidade ao nosso diálogo interno e com as outras pessoas.

## TORNANDO-SE LÍDER DE SI MESMO (E DOS OUTROS)

O líder é o indivíduo que faz bom uso de sua inteligência emocional para seu benefício, da sua comunidade e do mundo em que vive, mantendo em equilíbrio o seu estado interno. Ele se conhece e lida bem com suas emoções, sabe superar frustrações, manter-se motivado e sensível, lida bem com as emoções dos outros, usa a intuição, tem uma visão e uma consciência do propósito da sua vida e consegue motivar outras pessoas.

Para ser um líder eficaz, sobretudo no mundo instável de hoje, é preciso saber lidar com a quantidade imensa de informações, separando-a em ordem de prioridade, perceber as tendências e o impacto que terão as mudanças na sua vida e na dos outros. Necessita de ousadia e coragem para aplicar aquilo que acredita, autoconhecimento e integridade o suficiente para manter-se congruente e em harmonia. Deve ser capaz de perceber os detalhes e o todo e conduzir pessoas de uma forma segura para novos tempos em que a complexidade é crescente e a relação entre todas as coisas se manifesta cada vez mais.

A importância da intuição e da expansão da consciência são vitais. Os diferentes contextos em que o líder se encontra exige cada vez mais lucidez, percepção e capacidade de decisão rápida. Para orientar esse processo, deve ter princípios, valores claros e metas. Exige ao mesmo tempo firmeza e flexibilidade, capacidade de lidar com o que passou, com o presente e com o futuro que se aproxima.

> "Suba o primeiro degrau com fé. Não é necessário que você veja toda a escada. Apenas dê o primeiro passo."
> **MARTIN LUTHER KING**

## ORAÇÃO DA MANHÃ

Acordo pleno de alegria e gratidão à força infinita, pela vida, amor, prosperidade e paz que se manifestam cada vez mais na minha existência.

As antigas decisões e crenças limitantes se tornam conscientes e se desfazem gradativamente, abrindo espaço para a força criativa e realizadora que brota como o sol trazendo riqueza, prosperidade e paz interior.

Tenho consciência clara de que posso alcançar tudo o que eu quero e a direciono para o bem de todos. Assumo a responsabilidade, o poder e a liberdade pelos meus pensamentos, palavras e atos. Posso e me permito ser saudável, próspero e feliz.

Sim, sim, sim. Sou abençoado.

Está feito.

# OS QUATRO PROBLEMAS MAIS FREQUENTES NAS EMPRESAS

> "Eu não sou um produto de minhas circunstâncias. Eu sou um produto de minhas decisões."
>
> **STEPHEN COVEY**

Desmotivação, conflitos no trabalho, atrasos e baixa produtividade são problemas comuns nas empresas. Muitos gestores gastam milhões de reais em tecnologia, máquinas e infraestrutura, mas se recusam a investir em treinamentos e qualificação de seus colaboradores. Essa visão limitada tem sido um grande obstáculo ao crescimento das empresas brasileiras. Então, vamos apresentar alguns dos principais desafios que temos diagnosticado nas organizações.

- **Ruído na comunicação** – O papa da Administração, Peter Drucker, já havia observado que 60% dos problemas das empresas são de comunicação. A falta de informação básica para o trabalho do dia a dia e o isolamento dos diversos setores acarretam prejuízos, conflitos e retrabalho. Outro agravante são as informações fragmentadas que levam a mal entendidos, e isso sem falar nos *e-mails* mal escritos, que geram interpretações erradas.

- **Falta de comprometimento** – Clima organizacional ruim, salário abaixo do que se espera, pressão para bater metas e falta de reconhecimento levam à desmotivação. Os sinais do descomprometimento logo aparecem: atrasos, faltas, desorganização, conflitos com os colegas, tarefas pela metade e a baixa produtividade.

> Você está se contentando com menos do que é capaz e, depois, justificando que está tudo bem? Ou está pronto para parar de se contentar, para que possa começar a viver sua melhor vida – você sabe, aquela vida de seus sonhos?
> **O MILAGRE DA MANHÃ**

- **Indisciplina** – O mundo do trabalho está mais flexível. Por outro lado, os colaboradores são mais resistentes em seguir normas e muitas vezes se comportam de maneira inadequada. É comum ver os gestores reclamarem de atrasos, fofocas e enrolação durante o expediente. Cerca de 80% dos funcionários perdem de uma a três horas por dia sem produzir nada. O horário de trabalho é usado para checar *e-mails* pessoais, enviar torpedos e acessar redes sociais.

- **Ausência de *feedback*** – Muitos colaboradores não sabem o que é esperado deles. Agem de forma insegura e sem direção porque a liderança, em vez de acompanhar e dar informações sobre o desempenho da equipe, acaba se omitindo. Quando arriscam dar *feedback*, os gestores criticam e ameaçam os colaboradores que acabam confusos e acuados com medo de retaliações.

É importante destacar que esses problemas são de ordem comportamental e podem ser melhorados por meio de treinamentos. O ativo mais importante de qualquer empresa são as pessoas, por isso valorizar, qualificar e desenvolver talentos é o grande diferencial no mundo competitivo. Colaboradores motivados produzem três vezes mais e todos ganham: o trabalhador, a empresa e a sociedade.

"Comece de onde você está.
Use o que você tiver. Faça o que você puder."
**ARTHUR ASHE**

"O período de maior ganho em conhecimento e experiência é o período mais difícil da vida de alguém."
**DALAI LAMA**

# BREVE REFLEXÃO SOBRE O SER

## AME-SE

O primeiro passo para uma vida plena reside na consciência sobre si próprio. Apenas conhecendo a si mesmo, sem máscaras, sem racionalizações, deixando de lado idealizações criadas por terceiros, é possível cultivar amor pelo seu verdadeiro Eu. Olhe para si. Externa e internamente. Veja seus cabelos, seus olhos, sua boca, seu peito, seus braços e pernas, seus dedos e unhas. Veja cada uma das suas formas, tão suas. Só suas. Pense em quantos amanheceres seus olhos lhe permitiram ver. Quantos aromas e sabores já pôde sentir. Quantos abraços seus braços lhe permitiram dar. Em quantos levantares suas pernas já o sustentaram. Reflita sobre os atos mais instintivos que nos permitem viver como vivemos. Veja seu interior. Entenda como cada partícula é fundamental e trabalha incessantemente para sua sobrevivência. A cada respirar, entenda o quão afortunados somos. No bater de cada batida do coração, impulsionando energia por todas as partes de seu corpo, o milagre que nos mantém vivos. Ao refletir sobre cada uma das partes do seu corpo, perceba o quão maravilhoso é nosso cérebro. Esse instrumento quântico com o qual fomos agraciados. É ele a nos ajudar neste exercício, a comandar todo esse time de células, a nos conectar com o que realmente somos. Pense em suas cicatrizes. Como o mundo exterior já te marcou. Como cada queda lhe ensinou a levantar. Ame suas cicatrizes, elas também te fazem único. Pense em suas atitudes. Pense em como você marcou o mundo. Reflita sobre o bem e o mal que já causou. Relembre os sentimentos que você já causou. Entenda o quanto você tem poder para gerar reflexos no mundo físico externo e no interior das pessoas. Veja-se como parte de uma espécie dotada de um potencial de transcendência imenso. Perceba o quanto cada uma das conquistas e invenções da Humanidade são também suas. O quanto de conhecimento suas células vêm adquirindo ao longo de gerações e gerações de evolução. Perceba-se como o ápice de todo esse processo. Agora pense em como você direcionou sua energia até agora. Seja honesto consigo próprio. Não tenha vergonha dos seus atos, de suas vontades, de suas fraquezas. Enxergue-as. Veja como você é frágil e quanto já enfrentou. Veja como você é forte e quanto já infligiu. Orgulhoso de quem é? Do bem ou do mal que já causou. Envergonhado? Muitos pontos a melhorar? Algo a melhorar? Veja-se, com seu coração. Olhe bem para essa criatura, desnuda, crua, cheia de emoções, de anseios, de defeitos. Abrace-a. Ela precisa de você. Ame-a.

## PERDOE

Ao abraçá-la, com amor, perdoe-a. Perdoe-se. Admita seus erros. Ainda que você não se orgulhe deles, eles fazem parte da sua história. E a melhor forma de fazer as pazes com o passado é ter compromisso com o futuro. Saber que temos controle apenas pelo que é, não pelo que foi. E o viver diário, com conhecimento advindo dos seus erros, inclusive o conhecimento para não os cometer novamente, é a melhor forma de olhar com orgulho para frente e seguir, sem mágoas. Quem perdoa a si, perdoa aos demais. Porque quem conhece a si, entende a imperfeição inerente a cada um de nós. E quem perdoa aos demais se descarrega do mal que foi causado. Afinal, esse mal e as cicatrizes que ele deixou ajudaram a formar a criatura que você é e ama. A criatura plenamente capaz de seguir, cheia de sabedoria – sabedoria que é instrumento não apenas para não mais errar, mas também para não deixar que os mesmos erros passados o atinjam. A cada aprendizado, sinta-se mais blindado. É preciso cair, para levantar. Não tenha medo das quedas, elas te ajudarão a cair cada vez menos. Afinal, marés calmas não fazem bons marinheiros.

AGRADEÇA

O ser que se ama e que perdoou a si e aos demais é grato por tudo que viveu. É grato por cada respirar. É grato por cada lágrima derramada. Agradece ao sucesso de cada empreitada. Não apenas as suas. Alegra-se pelas conquistas dos demais. Enxerga que, como espécie, o sucesso de cada um é fundamental para nossa evolução, e também para que os erros perdoados não voltem a ocorrer. E agradece por isso.

DOE

Grato, feliz consigo e com os demais, o ser entende o quanto consegue fazer pelos demais. Ele percebe que vivemos em uma sociedade onde cada um está constantemente travando uma batalha diferente. E que para muitas dessas batalhas, precisamos uns dos outros. O ser que já caiu e se levantou inúmeras vezes entende que ninguém é infalível. Essa consciência o leva a entender que ninguém é melhor que ninguém. Ele é sábio o suficiente para perceber que as circunstâncias de cada vida são únicas e individuais. E que não é possível saber como seriam suas reações, se colocado na pele dos demais. As coisas apenas aconteceram assim. Somos donos do que é, não do que foi. Assim, sem julgar o diferente, o ser grato e feliz sente a necessidade de doar. Ele não impõe, oferece. E doa feliz, fazendo votos de que quem receba um dia também possa ser grato e feliz como ele é. Não espera retorno de quem está ajudando. Faz porque esse bem transborda do seu próprio ser. Ele precisa ser distribuído, aos que queiram receber.

SIRVA

Servir é a meta final. Conhecedor de si, humilde, grato, feliz e a postos para ajudar, o ser entende que sempre haverá trabalho a fazer. Sempre haverá quem precise de sua ajuda. Que a doação não é pontual, mas constante. E que aqueles que não quiseram sua ajuda, podem mudar a partir de seu exemplo. Afinal, ele não impõe, oferece. Servir é o exercício constante de autoconhecimento, amor, perdão e doação. De jamais desistir, porque nós valemos todo o esforço.

**Por André Filipe Kend Tanabe**
**Advogado**
**IG:@deht**

# O CERTO E O ERRADO NA COMUNICAÇÃO CORPORATIVA

> "Ajustes mínimos podem levar a grandes mudanças."
> **AMY CUDDY**

Por que existem tantos problemas de comunicação nas empresas? Porque somos diferentes. Cada pessoa tem uma maneira de pensar e agir. Quando você não age de modo adequado ou não explica bem o que deseja, ocorrem as incomunicabilidades. Isso acontece quando a mensagem promove uma reação diferente daquela que você deseja e aí a confusão está criada.

Vamos ver quais são o **CERTO** e o **ERRADO** na Comunicação Corporativa. A partir dessas dicas, você entenderá melhor o que ocorre nas relações humanas.

☹ **ERRADO** – Pressupor. "Mas isso é óbvio!". Pode ser óbvio para você, mas não para o outro. Achar que a pessoa entendeu tudo ou pensou a mesma coisa que você causa muita confusão. Por exemplo, "eu achei que você sabia...", "eu pensei que você tinha feito isso...".

☺ **CERTO** – Não imagine, pergunte. Aprenda a checar a informação. Verifique se a pessoa entendeu o que você falou, se o *e-mail* realmente chegou e se está tudo claro. Repita as informações até ter certeza de que a pessoa entendeu.

☹ **ERRADO** – Dar ordens, exigir, impor ou ameaçar. "Quem manda aqui sou eu!". Essa postura cria hostilidades e ressentimentos. A pessoa faz o que você exigiu porque se sentiu obrigada e ameaçada. Quando virar as costas, ela vai praguejar e executar o trabalho com má vontade.

☺ **CERTO** – Estimule o trabalho cooperativo. Quando for necessário dar uma ordem, diga a outra pessoa que acredita na capacidade dela em fazer o que você solicitou. O tom de voz agradável e expressões como "por favor", "por gentileza", "você poderia" transmitem educação e amenizam a exigência.

☹ **ERRADO** – Dar pitaco na vida alheia. "Ninguém pediu sua opinião!" Meter o nariz onde não é chamado cria reações negativas. A pessoa que vive aconselhando ou dando opinião em assuntos que não lhe dizem respeito invade a intimidade do outro e se torna indiscreta.

☺ **CERTO** – Fique na sua. Antes de dar uma opinião ou conselho, veja se o outro está receptivo a sua sugestão. Se a pessoa permitir, pode ajudar com conselhos ou opiniões, mas sempre respeitando a opinião dela.

☹ **ERRADO** – Tentar explicar tudo. Essa postura torna você um chato. Se interrompe o outro para tentar explicar tudo e dar a sua opinião, está passando por cima dos sentimentos e crenças da outra pessoa e tentando impor o que acha correto.

☺ **CERTO** – Abra a escuta. Ouça o que a pessoa tem a dizer e respeite o posicionamento dela. Se discordar, procure fazer isso em forma de sugestões do tipo: "Não seria melhor você fazer...", "E se você falasse com ele"?

☹ **ERRADO** – Questionar, inquirir. Perguntar é necessário, mas será que você não está exagerando na dose? Perguntar demais, além de chato, gera indiscrição. As pessoas também podem pensar que está desconfiado de algo.

☺ **CERTO** – Pergunte o necessário. Quando for conveniente ou a pessoa der abertura, pode tirar mais dúvidas ou aprofundar um assunto. Mas cuide para não ser indiscreto, principalmente em temas delicados.

☹ **ERRADO** – Fazer "chacota". Tem gente que adora ridicularizar os outros, colocar apelidos e imitar seus defeitos. Tudo isso na frente dos outros que é para se mostrar divertido e com ar de superioridade. Essas brincadeiras causam sofrimento às pessoas e afetam a sua autoestima.

☺ **CERTO** – Torne o clima de sua empresa agradável. Conte piadas, sorria e tenha o seu momento de descontração. Saiba brincar, mas sem constranger ou ofender o colega. Todos merecem respeito.

☹ **ERRADO** – Dar lição de moral. "Só podia ter sido você!" Se o colaborador fez algo errado, não adianta ficar dando lição de moral, principalmente na frente dos outros. Isso constrange as pessoas e elas se sentem ameaçadas.

☺ **CERTO** – Chame a atenção, mas respeite. Converse com o colaborador sobre o erro. Foque no que pode dar certo e em como fazer para resolver a situação. Ficar insistindo no erro não melhora o outro.

☹ **ERRADO** – Negar o ponto de vista do outro. "Afinal, quem é você para pensar assim?" Tem gente que acha que está sempre correta e descarta o que os outros pensam. Negar os sentimentos ou ideias das outras pessoas pode ser muito destrutivo.

☺ **CERTO** – Leve em consideração o que o seu colega

pensa. Nem sempre você está com a razão. As pessoas que têm sucesso na vida consideram a diversidade de ideias e posicionamentos, potencializando o melhor de cada um.

☹ **ERRADO** – Desvalorizar a intensidade do que o outro está sentido. "Isso não é nada, já vai passar...". Tentar ajudar com esse tipo de postura não leva a nada. Em vez de apoiar a pessoa, você desconsidera os motivos que a levaram a se sentir de uma determinada maneira. A pessoa vai se sentir mais para baixo ainda.

☺ **CERTO** – Ouça o que a pessoa tem a dizer. Às vezes, o outro só precisa desabafar para um colega e não quer ouvir conselhos ou críticas. Deixe a pessoa falar e evite apoios superficiais que não ajudam nada.

☹ **ERRADO** – Ignorar ou mudar de assunto. Não há nada pior do que a indiferença ou a falta de atenção quando alguém está falando ou há uma solicitação. Essa postura desqualifica o outro que se sente sem importância.

☺ **CERTO** – Respeite o outro. Dê atenção ao que a pessoa está falando ou solicitou. Se o assunto o incomoda ou não é o momento adequado para tratar dele, deixe isso claro. Se você recebeu *e-mail* ou torpedo, dê a resposta. Faça o outro sentir que se importa com ele.

☹ **ERRADO** – Criticar. Você é daquelas pessoas que criticam tudo? Então saiba que a crítica afeta a autoestima da pessoa e cria ressentimentos. A pessoa crítica tende a ser perfeccionista e intransigente e apenas considera o próprio ponto de vista.

☺ **CERTO** – Tenha um objetivo ao criticar. Se for preciso criticar, saiba qual o objetivo dela. Seja específico e dirija a crítica ao comportamento, sem atingir a identidade da pessoa com generalizações ou rotulações.

☹ **ERRADO** – Puxar o saco. O puxa-saquismo é um comportamento muito comum. A pessoa, que elogia ou faz tudo que o outro quer, está querendo obter algo em troca. O puxa-saco tem postura manipuladora e é visto como incompetente pelos colegas.

☺ **CERTO** – Elogie com moderação. Todo mundo gosta de elogios, mas cuidado. Falar bem o tempo todo soa como um comportamento manipulativo. Seja sincero e não concentre o elogio em uma pessoa apenas, afinal todas as pessoas têm qualidades.

☹ **ERRADO** – Perguntar para induzir. Algumas pessoas fazem perguntas que constrangem os outros porque já induzem à resposta. Veja o exemplo: "Você pode fazer isso, não é verdade?" Dessa forma, já se espera que a resposta seja positiva.

☺ **CERTO** – Faça perguntas neutras. Quando faz uma pergunta, tem que estar aberto para ouvir a resposta. Se quer saber o que o outro pensa, é preciso manter a pergunta neutra, deixando um espaço aberto para a livre expressão da pessoa.

☹ **ERRADO** – Ser fingido. Existem pessoas que dizem uma coisa, mas o seu tom de voz ou seus gestos e expressão corporal mostram outra. Esses sinais são percebidos pelos outros. Por exemplo: diante de uma pergunta, você responde que está tudo bem, mas a sua expressão facial mostra o contrário. Ou ainda o tom de voz não corresponde ao que está sendo dito.

☺ **CERTO** – Seja transparente. Procure ser natural mesmo

em momentos difíceis. As pessoas notam quando há fingimento e isso pode causar situações constrangedoras. Tente explicar os motivos de seu comportamento de modo conveniente para que as pessoas possam entender o contexto.

☹ **ERRADO** – Falar difícil. Falar bonito pode impressionar, mas também provoca incomunicação. Utilizar termos pouco conhecidos ou técnicos demonstra incapacidade de se comunicar com seu público e uma postura exibicionista.

☺ **CERTO** – Seja claro. Evite palavras pouco conhecidas pela maioria. Caso utilize termos técnicos, explique o significado. Para se fazer entender, deve ajustar sua linguagem, cultura, expectativas e crenças de seu público.

☹ **ERRADO** – Incongruência. Suas palavras dizem uma coisa e seu tom de voz e gestos dizem outra, denotando mensagens contraditórias. Por exemplo: diante de uma pergunta, responde que "está tudo bem", mas a sua expressão facial demonstra o contrário. Ou o tom de voz não corresponde com aquilo que está sendo dito.

☺ **CERTO** – Seja coerente. Corpo, mente, emoções e espírito precisam estar integrados. Quando a sua expressão corporal apoia suas palavras e vice-versa, apresenta força, poder e consistência. Procure interpretar bem o que está dizendo com o tom de voz, expressões faciais e corporais. Demonstre toda a sua energia ao interagir com as pessoas.

**Para refletir:**

1. Quais dessas atitudes são mais comuns no seu trabalho?
2. Que outras atitudes impeditivas na sua comunicação com os outros pode acrescentar nessa lista?

# CUIDADO COM O QUE E COMO VOCÊ FALA

"Seja impecável com a sua palavra."
**DOM MIGUEL RUIZ**

Sabemos que as palavras nos fornecem um veículo para expressar e compartilhar nossa experiência com os outros. Mas sabia que as palavras que costuma escolher também afetam a forma como se comunica consigo e, portanto, a forma como experimenta a sua vida?

Eu gostaria que refletisse sobre algumas palavras que nos enfraquecem e causam problemas na vida. Repare a simples palavra mas, em determinado contexto, diminui ou nega tudo o que vem antes. Então não adianta fazer um elogio bonito para uma pessoa e depois falar mas. Nesse caso, você acabou de negar tudo.

Por exemplo: Maria, você é uma pessoa muito dedicada, mas às vezes é distraída com os detalhes. Pronto! Você acabou de matar o elogio. Então, qual seria a forma certa? Vamos lá!

— Maria, você é uma pessoa muito dedicada, e algo que possa melhorar é prestar mais atenção aos detalhes.

Outra palavra que costuma diminuir nossa energia frente aos desafios é tentar. Tentar pressupõe a ideia de falha.

Eu vou tentar enviar o documento para você esta semana. Quer dizer que já estou partindo do pressuposto que pode ser que não dê certo.

Qual é realmente a intenção de fazer isso acontecer? A palavra tentar tira essa força. E olha que muitas pessoas falam isso ao traçar suas metas. Imagine: "eu vou tentar bater a minha meta". Minha pergunta é: "vai bater ou não a meta? Vai ou não vai se dedicar ao máximo?".

É esse alerta que faço: o mas e o tentar são palavras que devem ser substituídas por outras mais poderosas. Substitua o mas pelo aditivo "e" e tentar pelo "fazer". Vou entregar o relatório até sexta, por exemplo.

## AS PALAVRAS CRIAM A NOSSA REALIDADE

> "A preparação é muito importante, mas, em algum momento, você deve parar de preparar o conteúdo e começar a preparar a mentalidade. Você precisa mudar o que dirá para como dirá."
> **AMY CUDDY**

A linguagem guia nossos pensamentos para direções específicas e, de alguma maneira, ela nos ajuda criar a nossa realidade, potencializando ou limitando possibilidades. A habilidade de usar a linguagem com precisão é essencial para nos comunicarmos melhor. A seguir, relacionei outras palavras e expressões a que devemos estar atentos quando falamos, porque podem nos atrapalhar.

Cuidado com a palavra NÃO, a frase que contém NÃO, para ser compreendida, traz à mente o que está com ela. O NÃO existe apenas na linguagem e não na experiência. Por exemplo, pense em NÃO... (não vem nada à mente). Agora vou lhe pedir "não pense na cor vermelha", eu pedi para não pensar no vermelho e você pensou. Procure falar no positivo, o que quer e não o que não quer.

Cuidado com as palavras DEVO, TENHO QUE ou PRECISO, que pressupõem que algo externo controla sua vida. Em vez delas, use QUERO, DECIDO, VOU. Exemplo: "eu decido ir trabalhar hoje e dar o meu melhor".

Cuidado com NÃO POSSO ou NÃO CONSIGO, que dão a ideia de incapacidade pessoal. Use NÃO QUERO, DECIDO NÃO ou NÃO PODIA, NÃO CONSEGUIA, que pressupõem que poderá ou conseguirá. Exemplo: "eu não conseguia falar em público".

Fale dos problemas ou das descrições negativas de si mesmo utilizando o verbo no tempo passado. Isso libera o presente. Por exemplo: "eu tinha dificuldade de fazer isso".

Substitua SE por QUANDO. Por exemplo, em vez de falar "se eu conseguir ganhar dinheiro, vou viajar", fale "quando eu conseguir ganhar dinheiro, vou viajar". Quando pressupõe que está decidido.

Substitua ESPERO por SEI. Por exemplo: em vez de falar, "eu espero aprender isso", fale: "eu sei que eu vou aprender isso". Esperar suscita dúvidas e enfraquece a linguagem.

Substitua o CONDICIONAL pelo PRESENTE. Por exemplo: em vez de dizer "eu gostaria de agradecer a vocês", diga "eu agradeço a vocês". O verbo no presente fica mais concreto e mais forte.

## CUIDADO COM AS GENERALIDADES

Eu me refiro às palavras genéricas que não dizem nada, não contribuem em nada e só criam problemas. Quer exemplos?

- Esse trabalho não está bom o suficiente. O que significa suficiente?
- Preciso disso bem feito? O que significa para você bem feito?
- Preciso ganhar mais dinheiro. Quanto quer exatamente?
- Preciso emagrecer bastante. Quanto quilos especificamente?
- Devemos ser mais eficientes. O que é eficiência?

Quantas dessas frases usamos? Já percebeu que elas não dizem absolutamente nada? São expressões genéricas. São palavras que dão margem para muitas interpretações. Tudo o que dá margem para ambiguidades, interpretações, gera confusão e prejudica o resultado.

Treine para fugir das generalidades e peça para as pessoas fazerem o mesmo. Quando alguém chegar e disser: "quero isso bem feito", pergunte: "o que representa bem feito para você?". Seja preciso e específico, facilitando a comunicação entre todos.

> "Não se preocupe com tentar impressionar outras pessoas. Apenas concentre-se em como pode agregar valor à sua vida."
> **O MILAGRE DA MANHÃ,**
> **HAL ELROD, 2018.**

# MUDE SUAS PALAVRAS, MUDE A SUA VIDA

## VOCABULÁRIO TRANSFORMACIONAL DE ANTHONY ROBBINS*

Pequenas alterações no vocabulário mudam a direção emocional, e com isso a qualidade de nossas vidas. Como seria a qualidade da sua vida se pudesse pegar algumas das emoções negativas que sente e baixar a intensidade, a fim de que não tenham um impacto tão forte? E se seu estado emocional permitisse com que se mantivesse sempre no comando? Como seria sua vida se pudesse pegar as emoções mais positivas e intensificá-las, levando-as para um nível superior?

**Sugestões de substituição:**

| Emoção/ expressão negativa | Transforma-se em |
|---|---|
| Estou me sentindo... | para estou me sentindo... |
| Zangado | Desencantado |
| Com medo | Inquieto |

---

* Capítulo baseado no livro *Desperte seu gigante interior*, de Anthony Robbins.

| | |
|---|---|
| Ansioso | Um pouco preocupado |
| Confuso | Curioso |
| Deprimido | Calmo antes da ação |
| Destruído | Em desvantagem |
| Isso fede | É um pouco aromático |
| Furioso | Contrariado |
| Desapontado | Desinteressado ou indiferente |
| Aborrecido | Surpreso |
| Receio | Desafio |
| Embaraçado | Consciente |
| Exausto | Recarregando a bateria |
| Fracasso | Aprendendo |
| Rejeitado | Mal compreendido |
| Mas que merda | Mas que coisa |
| Estressado | Ocupado / afortunado/energizado |
| Doente | Purificando |
| Humilhado | Constrangido |
| Magoado | Incomodado |
| Eu odeio | Eu prefiro |
| Impaciente | Na expectativa |
| Inseguro | Questionando |
| Insultado | Mal-entendido |
| Irritado | Estimulado |
| Ciumento | Transbordando de amor |
| Preguiçoso | Acumulando energia |
| Solitário | Disponível ou temporariamente por conta própria |
| Perdido | Procurando |
| Nervoso | Energizado |
| Sobrecarregado | Com muitas atribuições |
| Sufocado | Ocupado ou desafiado |

| Triste | Definindo meus pensamentos |
| Estúpido | Descobrindo/ aprendendo |
| Horrível | Diferente |
| Angustiado | Contrariado |

Tenho certeza de que pode fazer uma lista melhor. Determine três palavras que usa habitualmente e criam sentimentos negativos em sua vida; depois, escreva uma lista de alternativas para romper seu padrão, fazendo-o rir por serem ridículas ou pelo menos reduzindo a intensidade.

Assuma o compromisso de romper seus padrões, sempre que possível.

| Palavra Antiga, Enfraquecedora | Palavra Nova, Fortalecedora |
|---|---|
| 1. | 1. |
| 2. | 2. |
| 3. | 3. |

Claro que o uso do Vocabulário Transformacional não se limita à redução da intensidade negativa; também nos oferece a oportunidade de intensificar com extremo vigor a intensidade de emoções positivas. Quando alguém lhe perguntar como tem passado, em vez de responder bem ou mais ou menos, surpreenda a pessoa ao exclamar: "eu me sinto espetacular!".

Por mais simplista que isso possa parecer, cria novo padrão em sua neurologia — novo caminho neural para o prazer.

| Boa palavra | Grande palavra |
| --- | --- |
| Estou me sentindo... | Para estou me sentindo... |
| Alerta | Energizado |
| Muito bom | Magnífico |
| Confiante/determinado | Absolutamente seguro |
| Curioso | Fascinado |
| Ativo | Energizado |
| Atraente | Magnífico |
| Satisfeito | Espetacular |
| Contente | Sereno |
| Animado | Entusiasmado |
| Excitado | Extasiado |

# VÁ SEMPRE ALÉM DO NÃO

> "Ninguém baterá tão forte quanto a vida. Porém, não se trata de quão forte pode bater, se trata de quão forte pode ser atingido e continuar seguindo em frente. É assim que a vitória é conquistada."
>
> **ROCKY BALBOA**

## A PALAVRA "NÃO" INTIMIDA VOCÊ?

Desde pequena, uma menina chamada Swetlana sonha em ser uma grande bailarina do balé Bolshoi. Um dia ela conseguiu uma entrevista com Sergei Davidovit, o mestre em balé do Bolshoi, que estava naquele momento selecionando aspirantes para a companhia. Ela dançou para ele com todo o sentimento que aprendera durante a vida. Ao final, ela se aproximou e lhe perguntou: "então, o senhor acredita que eu possa me tornar uma grande bailarina?". Ele responde enfaticamente: NÃO!

Meses passaram após aquele não, e ela não conseguia calçar uma sapatilha, tamanha a desilusão. Dez anos mais tarde, Swetlana, já uma conhecida professora de balé, criou coragem para assistir ao Bolshoi. Ela assistiu e viu que o Sr. Davidovit ainda era o mestre do balé do Bolshoi. Após o concerto, ela foi até ele e perguntou: "queria fazer uma pergunta para o senhor: por que muitos anos atrás o senhor me reprovou e disse que eu não tinha capacidade para ser uma grande bailarina?". Ele disse para ela: "minha filha, eu digo isso a todas as aspirantes". Ela retrucou: "mas como o senhor comete uma injustiça dessa? Eu poderia ter sido uma grande bailarina". E o senhor lhe disse: "Me perdoe, minha filha, mas você não seria grande o suficiente, já que foi capaz de abandonar seu sonho pela opinião de outra pessoa".

Nunca abandone o seu sonho, aquilo que está no seu coração, em razão da opinião das outras pessoas.

Muito se fala em não deixar o sucesso subir para a cabeça. Compreendo que a intenção é fazer com que a gente evite a prepotência e as ilusões impostas por um ego tirano e adoecido.

No entanto, talvez haja mais cabeças tomadas pelo tal fracasso do que pelo tal sucesso.

Pessoas bloqueadas e empacadas pela insegurança, derrotismo e impotência não percebem que somos centelhas divinas, potencialidade pura! Somos mais poderosos do que imaginamos.

O que é fracasso? O que é sucesso? Não importa.

O importante mesmo é saber que fracasso e sucesso são referências para o ego, para alma imortal; o que vale mesmo é a experiência e o quanto nossa capacidade de amar se expandiu. O NÃO é apenas um estágio, um degrau para prepará-lo para um retumbante SIM, quando realmente há propósito.

> "Você não tem tempo para ser infeliz e medíocre.
> Isso não é apenas sem sentido; é doloroso."
> **SETH GODIN**

# OS QUATRO ERROS MAIS COMUNS NA LIDERANÇA

> "O maior problema com a comunicação
> é a ilusão de que ela já foi alcançada."
> **GEORGE B. SHAW**

Você conhece um líder que pressiona demais os colaboradores e só se interessa pelos resultados? Já teve um chefe amigão que ouve seus problemas, mas enrola o dia inteiro? Pesquisas sobre gestão de carreira e negócios apontam que 85% dos líderes não possuem as competências necessárias para gerir pessoas. As empresas promovem colaboradores despreparados para cargos de chefia e geram graves problemas. Vamos ver os quatro erros básicos da liderança.

- **1º Erro: comunicação deficiente** - muitos líderes pressupõem que seus liderados entenderam o que deve ser feito. Eles não checam se a equipe compreendeu bem o que foi solicitado. Resultado: erros de processo e metas não cumpridas. O ideal é que o líder faça perguntas e se certifique de que a informação foi entendida na totalidade.

- **2º Erro: não saber dar *feedbacks*** - cerca de 90% dos líderes não sabem dar *feedbacks* e, quando tentam, acabam espalhando medo, tristeza e raiva no ambiente de trabalho. O *feedback* eficaz contempla quatro pontos: resultado, comportamento, plano de ação e acompanhamento. Caso o líder não leve em consideração esses itens, o *feedback* não será eficaz.

- **3º Erro: não saber delegar** - muitos líderes preferem fazer certas tarefas por achar que ninguém é capaz de realizar o trabalho tão bem quanto eles. O resultado é a operacionalização do seu serviço. O líder não se dá conta de que é um gestor de pessoas, e tarefas operacionais devem ser exceção e não a regra.

> "Uma vez que você tenha aceitado suas falhas, ninguém poderá usá-las contra você."
> **TYRION LANNISTER**

- **4º Erro: não motivar a equipe** - estatísticas mostram que 66% das pessoas saem da empresa por causa do líder. É comum observar líderes que só pensam em resultados, não direcionam o liderado nas tarefas ou deixam correr tudo solto. O líder inspirador trata cada um de modo diferenciado, considera as diferenças e consegue potencializar o melhor de cada um.

Conjugar o verbo liderar em um mundo cada vez mais incerto, complexo e veloz é um desafio diário e exige muito estudo, paciência e prática. O líder que observar os quatro pontos que comentamos dá início a uma espiral ascendente na empresa que leva a resultados mais efetivos, gerando um ambiente propício a mudanças.

> "Somos responsáveis pelo resultado da nossa comunicação."
> **CÍNTIA LOPES**

# TORNE-SE UM LÍDER COMUNICADOR

"Bolsos vazios nunca refrearam ninguém. Somente cabeças vazias e corações vazios podem fazer isso."
**NORMAN VINCENT PEALE**

Você se orgulha da sua liderança? Você inspira pessoas com o que e como você fala? As pessoas agem e refletem a partir do que solicitou? Mesmo que não tenha um cargo de líder formalmente, fato é que todos somos líderes! Por quê? Porque influenciamos pessoas o tempo todo com a nossa presença.

E tem mais: você é líder de si mesmo. Portanto, a sua comunicação deve ser positiva, clara, específica e, sobretudo, criar estímulos para desenvolver um estado (foco, fisiologia, linguagem) poderoso que o faça agir com entusiasmo, mesmo diante dos desafios.

A seguir, relaciono uma síntese da comunicação do líder baseada na obra *Comunicar para liderar* de Milton Jung e Leny Kyrillos para que faça uma análise de como está a sua comunicação consigo mesmo e com as pessoas que convive.

Comunicação é competência cada vez mais importante para a sua vida pessoal e profissional.

Comunicação é um processo complicado: há grande possibilidade de mal-entendidos, porque as pessoas são diferentes.

Cada um compreende e fala de acordo com suas referências, portanto, para se comunicar, entenda o outro.

Comunicação não é algo que eu digo, é o que você entende.

Comunicação é um processo dinâmico: constrói percepção rapidamente, o outro entende intuitivamente e reage imediatamente.

Somos responsáveis pelo resultado da nossa comunicação.

Ao nos comunicarmos, emitimos sinais, alguns negativos, que provocam ruídos e devem ser corrigidos.

Comunicação é comportamento aprendido, portanto passível de mudanças sempre.

Foque na mudança de comportamento aprendida.

A expressividade é o resultado de três recursos: verbal, corporal e vocal, que devem estar sempre coerentes entre si.

Pequenos ajustes provocam grandes mudanças: assuma a postura corporal de um líder comunicador.

# EXERCÍCIO DE TREINAMENTO

> "A vontade de se preparar tem que ser maior do que a vontade de vencer. Vencer será consequência da boa preparação."
> **BERNARDINHO**

Elabore sua apresentação em 60 segundos. Os critérios para essa exposição serão síntese, clareza e organização do pensamento. Preparado? Responda às seguintes perguntas:

**1. Qual é meu serviço, produto, empresa ou causa?**
___
___
___
___

**2. Que problema eu resolvo?**
___
___
___
___

3. De que forma meu serviço, produto, empresa modifica a vidas das pessoas?

_____
_____
_____
_____

4. O que recomendo às pessoas em relação ao meu serviço, produto, empresa?

_____
_____
_____
_____

Treine, treine, treine muito e em alta intensidade. Seja escravo da preparação total. Seus ouvintes merecem um comunicador calmo, focado, energizado e, sobretudo, que fale com naturalidade e segurança. Não aceite menos que isso.

> "Foque menos na impressão que você está causando nos outros e mais na impressão que está causando em si próprio."
> **AMY CUDDY**

# CRIE VÍNCULO COM SEU PÚBLICO

> "Nossos sentimentos são um mecanismo de *feedback* que nos informa se estamos no rumo certo ou não, se estamos na rota ou fora dela."
>
> **JACK CANFIELD**

Você já percebeu como tem um perfil de pessoa que acaba de conhecer, conversa alguns minutos, uma hora e já parece uma amiga de infância? Acontece também de conhecermos algumas pessoas que basta apenas uma troca de olhar para nunca mais querer encontrá-las.

Em quase vinte anos de atuação profissional, fui percebendo características em comum de pessoas que transmitem carisma, simpatia e um halo de encanto e positividade quando estamos na sua presença. A seguir, apresento as dez características de pessoas que são bem vistas e aceitas em qualquer ambiente. Observe qual delas já pratica e qual precisa incorporar na sua personalidade e jeito de ser.

## DEZ CARACTERÍSTICAS QUE TORNAM AS PESSOAS MAIS ENCANTADORAS

1. **Elas não têm medo de perder** - Não têm medo de falar dos seus erros e das suas fraquezas. Demonstram vulnerabilidade sem ser piegas.

2. **Elas mostram que estão felizes ao encontrá-lo** - Elas mantêm o contato visual e sorriem. Ficam entusiasmadas e demonstram energia e envolvimento.

3. **Elas procuram compreensão mútua** - Pessoas carismáticas buscam sempre pontos em comum. Fazem questão de mostrar suas afinidades e o quanto apreciam as mesmas coisas do interlocutor.

4. **Elas usam o poder do toque** - O toque ajuda a expressar emoções e a gerar confiança. Tocar as pessoas nos ombros ou nas costas com sutileza pode facilitar a interação e criar ótima sintonia.

5. **Elas sabem como usar expressões faciais e gestos** - Elas transformam a história mais chata em um assunto apaixonante, com expressões engraçadas, interpretando bem o que estão falando.

6. **Elas não têm medo de parecer bobas** - Elas não têm medo de parecer desajeitadas. Curiosamente, as pessoas as respeitam ainda mais por causa disso.

7. **Elas são boas em fazer perguntas** - Elas não hesitam em fazer perguntas e falar abertamente sobre si mesmas.

Demonstram algo em comum. Se interessam genuinamente pelas pessoas.

**8. Elas sempre se lembram do nome** - Chamar pelo nome conecta e faz a pessoa se sentir importante. Lembrar-se de detalhes da outra pessoa também é incrível.

**9. Elas ouvem mais e falam menos** - Pessoas que abrem a escuta deixam que os outros falem sobre si mesmos. Adorarão estar com você!

**10. Elas se vestem com harmonia e elegância** - Não importa o que você diga, suas roupas dirão mais. Vestir-se com bom-senso e elegância faz uma pessoa conquistar ainda mais credibilidade.

Gostou das dicas? Observe esses comportamentos e vá incorporando no seu convívio com as pessoas. O nosso sucesso sempre acontece por meio da nossa interação e convívio.

> Pessoas poderosas iniciam a fala com mais frequência, falam mais de forma geral e fazem mais contato visual durante a fala do que pessoas sem poder. Quando nos sentimos poderosos, falamos mais devagar e levamos mais tempo. Não nos apressamos. Não temos medo de fazer uma pausa. Nós nos sentimos no direito do tempo que estamos usando.
> **AMY CUDDY**

# CONTROLE SEUS DIÁLOGOS INTERNOS

> Uma das causas de mediocridade mais comprometedoras na vida é uma condição que chamo de Síndrome do Espelho Retrovisor. Nossas mentes subconscientes são equipadas com um espelho retrovisor autolimitador, através do qual vivemos e recriamos nosso passado continuamente.
> **O MILAGRE DA MANHÃ**

Existe uma voz dentro de cada um de nós falando o dia todo. É a essa voz que damos o nome de DIÁLOGO INTERNO. Nesses momentos em que a voz está falando, é preciso que pare e analise: isso me fortalece ou enfraquece? Se estiver te ajudando, abra a escuta e cultive. Se estiver o deixando para baixo, cancele-a. Mas como podemos controlar os nossos diálogos internos?

Em primeiro lugar, reconheça que VOCÊ NÃO É A SUA MENTE. Você é algo separado e ela, sua mente, não deve dominar as suas atitudes. Você está além da sua mente e de seus diálogos internos.

Portanto, a solução para sua vida é aprender como usar a MENTE a seu favor. Se fizer isso, estará no controle de sua vida. Se não fizer, é a vida que controla você.

Para que alcance um estado rico de recursos, é preciso desenvolver três dimensões fundamentais que ajudam a controlar a emoção e nos manter motivados para os nossos sonhos e metas. O primeiro é:

## FOCO

Você sabia que quanto mais pensamos em um problema, ou seja, quanto mais focamos no problema, maior ele fica? Isso mesmo! A sua energia vai para onde estiver o seu foco.

Então, essa técnica ensina que, em primeiro lugar, devemos mudar um ponto da tríade; sugiro começar pelo FOCO. Seja o que for, imediatamente mude o foco e dê novo SIGNIFICADO para toda a situação, ou seja, interprete-a de forma diferente.

Por exemplo: em razão de fortes tempestades no verão, um raio caiu na região em que moro e fiquei sem *internet* por alguns dias. Ligava para o provedor e adiavam, dia após dia, o conserto. Eu tinha sessões agendadas *on-line* e muito trabalho a ser feito. Comecei a ficar apreensiva, a focar no problema e perder o controle emocional. Quando me dei conta, parei, respirei fundo e comecei a mudar meu FOCO.

- **Foco antigo:** estou sem *internet*. Não consigo trabalhar.
- **Foco novo:** dá para adiantar alguns trabalhos sem o uso da *internet*. Posso redigir textos, gestar novas ideias e refinar

outros projetos. Pensando bem, ficar sem conexão por alguns dias pode ajudar no foco para escrever e adiantar outras demandas. Bingo!

- **Significado antigo:** a falta da *internet* atrapalha minha produção.
- **Significado novo:** vou produzir muito mais, mesmo sem *internet*!

Esse é o poder da mudança de foco. A seguir, vamos ver sobre o segundo ponto:

FISIOLOGIA

A fisiologia é especialmente importante e determina muito os nossos resultados. Teste rápido: pense em uma pessoa que se encontra deprimida. Pensou? Como ela se apresenta? Ombros caídos, olhar desfocado, cabeça para baixo, respiração curta e superficial, não é mesmo? Exatamente.

A fisiologia está totalmente ligada com a postura. Por isso, quando escolhemos a FISIOLOGIA para agir e mudar nosso estado mental, devemos imediatamente corrigir a nossa postura. No caso de preparar-se para uma apresentação, corrigimos para a postura de um vencedor. Corpo reto, ombros para trás e queixo em ângulo reto com o chão. Sabe quando alguém está feliz e quer te dar uma notícia? Sabe quando um guerreiro entra em uma batalha com postura de vencedor? Isso mesmo! Essa postura de dominância faz toda a diferença. O terceiro ponto é:

## LINGUAGEM

> "Sua mente é como sua casa, só entra quem é convidado, seja seletivo."
> **JUNIA BRETAS**

Já ouviu as expressões: cuidado, você atrai aquilo que fala repetidamente ou as palavras têm poder. Pois bem, não é somente isso. O que falamos está totalmente ligado ao que acreditamos. A linguagem é a fala de poder que determinará seu sucesso. Quando alterar o modo como fala e o que fala, seus pensamentos naturalmente vão se modificando. Com isso, seu agir se torna diferente também.

> "Pensamentos conduzem a sentimentos.
> Sentimentos conduzem a ações.
> Ações conduzem a resultados."
> **T. HARV EKER**

Você deve estar pensando: e como posso melhorar a minha linguagem?

Empodere-se com a força das palavras. Faça um teste, todo dia ao acordar, olhe para você mesmo no espelho e diga: eu quero, eu posso, eu consigo... eu mereço!

Se quer ir além de seu passado e transcender suas limitações, deve parar de viver a partir de seu espelho retrovisor e começar a imaginar uma vida de possibilidades ilimitadas. Aceite o paradigma: meu passado não é igual ao meu futuro. Fale consigo mesmo de maneira que inspire confiança de que não apenas qualquer coisa seja possível, mas de que você é capaz e comprometido a fazer com que seja assim.

Lembre-se: tudo o que precisa controlar é FOCO, FISIOLOGIA e LINGUAGEM. Aprenda a controlar essas dimensões e tudo ficará mais fácil e interessante.

A seguir, compartilho afirmações para você praticá-las no dia a dia e se sentir cada vez mais confiante para falar diante das pessoas e em qualquer situação. Declare-as, de preferência na frente do espelho, com energia, foco e fé!

- "Estou em um processo de mudança positiva e melhoro diariamente";
- "Não tem problema se eu errar. Tudo concorre para o meu aprendizado. Erro, acerto e está tudo bem";
- "Sei que somos eternos aprendizes e por isso aceito errar";
- "Estou descobrindo talentos e habilidades que desconhecia ter";
- "O passado ficou para trás, não tem nenhum poder agora. Os pensamentos deste momento criam o meu futuro";
- "Abri mão de me comparar com os outros. Aceito quem sou e dessa forma posso mudar para melhor";
- "Eu me aceito e, por isso, fico mais à vontade na presença de pessoas que acabei de conhecer";
- "A cada dia descubro mais meus talentos e habilidades, e eu gosto de usá-los";
- "Eu me coloco em situações sociais mesmo me sentindo desconfortável porque sei que esse é o caminho para conseguir cada vez mais confiança";

- "Ser assertivo(a) é uma habilidade e como tal pode ser treinada. Dessa forma, eu posso aprender";
- "A vergonha se desenvolve por aprendizagem e, como tal, pode ser desaprendida";
- "Escolho aprender a me sentir bem em situações em público";
- "Vou participar ativamente de trabalhos em equipe e romper o círculo vicioso da timidez";
- "Posso me expor cada vez mais em público e ganho mais segurança e confiança a cada experiência";
- "Aprendo a ficar cada vez mais desenvolto(a)";
- "A cada dia gosto mais de conhecer pessoas novas";
- "Parei de lutar contra a ansiedade porque sei que quando resisto, ela cresce. Eu aceito a ansiedade e ela diminui";
- "Abro mão de minha necessidade de controlar a ansiedade. Eu a aceito";
- "Mesmo que não goste de sentir ansiedade, sei que posso conviver com ela e dessa forma ela não me domina";
- "A cada dia convivo melhor com minha ansiedade e isso me dá mais autoconfiança";
- "Posso me comunicar com as pessoas mesmo me sentindo ansioso";
- "Escolho estar em eventos sociais mesmo com ansiedade. Sei que quanto mais me exponho mais calmo(a) irei ficar";
- "Decido falar em público apesar da ansiedade porque sei que este é o caminho para aprender a gostar";

- "Peço ajuda às pessoas sempre que preciso";
- "Procuro ser amistoso(a) com as pessoas sem confundir com submissão";
- "Posso ser bem-sucedido(a) mesmo sentindo ansiedade em algumas circunstâncias";
- "Não deixo mais que a ansiedade me impeça de interagir";
- "Eu me aceito cada vez mais e isso me faz ter coragem de me expor";
- "Eu aceito que nem todos me julguem bem. Já sei que não é possível agradar a todos";
- "Já sei que não é possível ser admirado(a) por todos";
- "Eu aceito que as pessoas percebam que estou sem jeito ou inibido(a)";
- "O fato de eu aceitar que as pessoas saibam que estou tímido(a) me faz ficar mais à vontade e logo me recupero";
- "Sei que mesmo que me sinta nervoso(a) nem sempre as pessoas percebem";
- "Sei que existem muitas personalidades que são tímidas e mesmo assim são bem-sucedidas";
- "Sei que posso aprender a gostar de falar em público";
- "Eu aceito ter brancos ou esquecimentos durante a minha apresentação. Já sei que o medo de ter branco acaba produzindo ainda mais esquecimentos";
- "Mesmo que eu esqueça o que ia falar, eu continuo

minha apresentação e depois volto no assunto se for conveniente";

- "Cuido de minha respiração porque sei que a respiração correta me deixa mais calmo, presente e confiante";
- "Inspiro e expiro lentamente, ficando mais relaxado a cada vez que respiro";
- "A partir de agora, as minhas ações irão confirmar as minhas palavras".

Ao se deparar com problemas que pareçam para você sem solução e sentir dificuldade, repita mentalmente ou, se possível, em voz alta:

*"Tudo que a vida me traz tem a finalidade de ajudar em meu desenvolvimento. Assumo esta oportunidade para crescer. Mesmo sentindo medo/ansiedade/apreensão sei que posso superar isso como já fiz tantas vezes. Escolho confiar em mim e confiar na vida. Posso não entender agora, mas sei que vou crescer com essa experiência."*

Acostume-se a fazer afirmações positivas e fortalecedoras todos os dias e se surpreenda com a mudança de realidade que desfrutará em pouco tempo. Auspicioso!

"Você será um fracasso até gravar no subconsciente a convicção de que é um sucesso. Isso é realizado fazendo uma afirmação, a qual dá um estalo."
**FLORENCE SCOVEL SHINN**

# O PODER DO PROPÓSITO COLETIVO

> "Conheça todas as teorias, domine todas as técnicas, mas ao tocar uma alma humana, seja apenas outra alma humana."
>
> **CARL JUNG**

No momento em que escrevo estas palavras, no final de 2020, as pessoas no mundo todo estão traumatizadas pela COVID-19, doença viral que causou uma pandemia, e estão preocupadas com a família, os amigos e seu futuro bem-estar. Embora o mundo ainda esteja atordoado com os efeitos do vírus, muitas pessoas estão se deprimindo, perdendo seus empregos e se afastando de suas famílias.

Enquanto acompanho todo esse alarde, escuto uma mentalidade de vítima subjacente:

- Somos vítimas de tempestades;
- Somos vítimas de violência;
- Somos vítimas de um governo mal administrado;
- Somos vítimas do preço da gasolina, da escassez, da inflação, da recessão, dos impostos, da mídia e de outras coisas.

> "O que nos parece uma provação amarga
> pode ser uma bênção disfarçada."
> **OSCAR WILDE**

Vou dizer uma coisa incomum que poderá incomodar algumas pessoas. Espero que sirva para inspirá-lo. Aqui vai: VOCÊ tem mais poder do que imagina!

> 'Tudo no universo está dentro de você.
> Peça tudo a si mesmo."
> **RUMI**

Embora possa não querer se colocar na trajetória da pandemia, não precisa se esconder embaixo da cama. Por mais estranho que possa parecer, acredito que se um número suficiente de pessoas pensar de maneira positiva, poderemos criar uma espécie de contra-ataque. Podemos proteger a nós mesmos e nossos entes queridos com os nossos pensamentos.

No livro *Criando riqueza e prosperidade*, Joe Vitale faz referência a mais de 20 estudos indicando a ideia de que, quando um número de pessoas tem intenções positivas, essas intenções irradiam e se tornam a realidade. O fato é que, quando mentes e corações estão em uníssonos, concentrados numa só intenção, a cura se aproxima.

Não estou dizendo que deva desconsiderar a realidade atual. Estou propondo que eu e você criemos uma realidade melhor. Estou pedindo para que não se deixe enredar pelo medo. Estou pedindo para que se apoie na fé. Se acha que um vírus o atingirá ou a um ente querido, então isso já aconteceu: você está vivendo no medo. Sua vida é sombria e triste, está encarcerado.

A mídia é infalível ao nos impelir para o medo, de modo que sugiro que a desconsidere. Isso não é informação, e sim propaganda. É por esse motivo que é chamada de programação. A mídia leva grandes grupos de pessoas a pensar de uma maneira negativa, o que, é claro, se torna então realidade. Por que não podemos fazer o oposto?

Por que não reunimos grandes grupos de pessoas para que pensem de maneira positiva? É claro que deve tomar medidas para se locomover e interagir de maneira sensata e em segurança. É claro que deve cuidar de si mesmo e da sua família. É claro que deve contribuir para quaisquer causas em que acredite e que ajude as pessoas necessitadas. Mas observe também o depósito na sua mente:

- Você está vivendo no medo ou na confiança?
- Você está se apoiando no medo ou na fé?
- Você está concentrado no que é negativo ou está fazendo alguma coisa para criar algo positivo?

"Aquilo que pedimos aos céus na maioria das vezes encontra-se nas nossas mãos."
**WILLIAM SHAKESPEARE**

Estamos sempre em posição de escolha!

Meu apelo é para os leitores deste livro – entre eles, eu e você – parem, respirem e se concentrem no amor; rezem ou, de uma maneira positiva, irradiem uma energia que ajudará a dissolver o medo que está dentro e ao redor de nós. Peço para que faça isso hoje.

Enquanto escrevo estas linhas, em meio à natureza, aqui na minha cidade no Sul do Brasil, lembro do famoso livro *Faça a coisa certa, apesar de tudo: os 10 mandamentos paradoxais*, escrito pelo Dr. Kent M. Keith. Veja que poderoso.

**MESMO ASSIM**

*As pessoas são irracionais, ilógicas e egocêntricas.*
*Ame-as MESMO ASSIM.*

*Se você tem sucesso em suas realizações,*
*ganhará falsos amigos e verdadeiros inimigos.*
*Tenha sucesso MESMO ASSIM.*

*O bem que você faz será esquecido amanhã.*
*Faça o bem MESMO ASSIM.*

*A honestidade e a franqueza o tornam vulnerável.*
*Seja honesto MESMO ASSIM.*

*Aquilo que você levou anos para construir,*
*pode ser destruído de um dia para o outro.*
*Construa MESMO ASSIM.*

*Os pobres têm verdadeiramente necessidade de ajuda,*
*mas alguns deles podem atacá-lo se você os ajudar.*
*Ajude-os MESMO ASSIM.*

*Se você der ao mundo e aos outros o melhor de si mesmo,*
*você corre o risco de se machucar.*

*Dê o que você tem de melhor MESMO ASSIM.*

*Eu sei que você pode achar que pensar positivamente é perda de tempo.*
*Pense positivamente MESMO ASSIM.*

*Eu sei que você pode se perguntar se a oração em grupo realmente dá certo.*
*Ore em grupo MESMO ASSIM.*

*Eu sei que você pode duvidar de que a fé pode ser útil,*
*Tenha fé MESMO ASSIM.*

Vamos criar, neste momento, o futuro positivo que desejamos. Vamos nos concentrar no espírito. Vamos focalizar o amor. O que estou pedindo é que seja feliz agora.

Sorria. Irradie essa energia amorosa na direção das pessoas que estão com medo. Tenha a intenção de que todos fiquem bem, porque, na realidade, com base em uma concepção espiritual da vida, tudo está bem.

Lembre-se: se você olhar para o seu passado, vai ver que as situações de que se lembra com mais orgulho são aquelas em que tudo parecia perdido e ousou confiar em si mesmo e avançar.

Quando olhar para a sua vida, vai perceber que nunca desistiu do que era realmente importante para você. Agora, está vivendo uma situação semelhante; então confie em você e vá em frente.

Agora é momento de acreditar em você e fazer o que precisa ser feito.

Nós podemos fazer a diferença. Comece com você e comigo.

# É SÓ UM ATÉ LOGO!

> Se você tivesse pouco tempo de vida e pudesse fazer uma última ligação, para quem ligaria e o que diria? Então, o que está esperando?
> **CÍNTIA LOPES**

Sim, você está no comando da sua vida. É você quem cria a sua realidade e determina seu destino. Fato. A questão é: o que realmente quer? O que traz sentido para a sua vida, o que o faria dançar pelas ruas? O que promove saúde, vitalidade e alegria de viver para a sua vida? Você, honestamente, já parou para pensar nessas questões? Como ainda não teve tempo? Espere.

Em um estalar de dedos, estará na festa dos seus 80 anos. O que terá para contar? São histórias que falam de uma vida baseada em crescimento e legado ou apenas um corolário de tristezas e sofrimentos? Você realizou o que queria? Foi feliz? Sente-se uma pessoa realizada e transbordante? Ou apenas se tornou hábil em apresentar desculpas e justificativas para si e para os outros?

E se partisse hoje, agora, se despediria satisfeito e feliz? Ou apenas frustrado por não ter seguido seu coração. Ah, você se preocupou com o que os outros diriam? Achou que pensariam mal de você? Sim, sim... entendo!

Uma das coisas mais tristes na vida é chegar ao fim e olhar para trás com remorso, sabendo que poderia ter sido, feito e tido mais. Este livro mostrou o quanto devemos ser responsáveis pelo nosso sucesso e desenvolvimento, apresentou o Poder da Comunicação como um caminho seguro e confiável para atingir todos os seus sonhos e objetivos.

Comunicação é tudo! Quem se comunica bem, vive melhor, com autoestima e amor à vida! A comunicação expande o coração. Torna o ser humano mais consciente de si e de seus reais poderes diante dos embates da vida. Lembre-se: você é criador de realidade e não um gestor de circunstâncias.

Portanto, leia e releia este livro. Compartilhe o que aprendeu com as pessoas que ama. Vamos transbordar nosso conhecimento e amor para o mundo e para o bem comum. Perceba: doar é a melhor comunicação!

> A comunicação mais importante é aquela que acontece dentro de você.
> **CÍNTIA LOPES**

E, para finalizar, recomendo:

Siga o caminho que expande a consciência do amor em seu ser e veja a vida te aplaudir de pé em forma de bênçãos.

Escolha sempre o amor.

**A autora/Verão 2021**

# POSFÁCIO

> "Você vai realizar todos os seus sonhos se ajudar muitas pessoas a realizarem os sonhos delas."
>
> **ZIG ZIGLAR**

Esse pensamento reflete exatamente o que Cíntia Lopes faz com nossas vidas. Ela ajuda as pessoas a realizarem seus sonhos, utilizando a comunicação como veículo para atingir resultados positivos em diversas áreas da vida. Suas palavras conduzem sempre à ação, porque tocam a alma e despertam a consciência para a mudança. Sou testemunha desse processo de transformação e ainda muito grata pela oportunidade de estar presente nesta obra brilhante, rica em detalhes, esplêndida.

Tive o privilégio de participar de alguns cursos de comunicação ministrados pela Cíntia e posso garantir que minha vida está passando por um processo de superação, evolução, porque ela ensina técnicas de como falar com segurança, clareza e conhecimento. Sou grata por tantos aprendizados que estão fazendo um diferencial em minha vida.

O método único desenvolvido pela autora para apresentações de palestras, trabalhos acadêmicos, *workshops* e projetos profissionais é como um fio de luz, que vai conduzindo na direção certa, para se alcançar o resultado esperado, com tranquilidade. Ele é muito valioso.

Posso afirmar que a superação do medo e a insegurança de falar em público vão diluindo, com a prática dos conhecimentos, conforme tenho constatado. Isso se dá de uma forma muito distinta, porque a Cíntia passa conhecimentos que vão além das técnicas de comunicação em seus cursos. Ela faz uma reflexão profunda sobre outros fatores que envolvem a vida, que acabam por interferir na comunicação. Isso toca o sentir, porque trabalha a essência humana, a conexão com o outro, o despertar da consciência.

Por conta disso, ela ressalta o poder da comunicação para atingir resultados extraordinários na vida, carreira e negócios, destacando que quem se comunica enriquece.

De forma sábia, sensível e convincente, a autora apresenta um conteúdo riquíssimo sobre a importância do autoconhecimento, da autoestima, do perdão, das crenças limitantes, da superação do medo, da autorresponsabilidade para se alcançar o sucesso na vida, nos negócios e na carreira.

Afirma que o sucesso na vida, inclusive na comunicação, é diretamente proporcional ao grau de autoestima que se possui, destacando a necessidade do autoconhecimento para compreender e aceitar a nós mesmos como somos, fazendo uma avaliação honesta de nossos pontos fortes e fracos e ter um desejo intenso de mudar a nossa mentalidade, nosso jeito de ser. A base fundamental de um ser humano pleno, equilibrado e feliz é seu amor-próprio.

Desafia a cada um a assumir o compromisso do controle e comando de nossas vidas, sendo protagonistas e não vítimas. Não podemos mudar o passado, mas a maneira como ele nos afeta. Não podemos controlar os outros, mas a forma como reagimos diante dos fatos que se apresentam. Podemos ampliar nossa consciência, mudando nosso modo de enxergar a vida, fazendo uso de outras lentes que nos permitam ter mais riquezas, amor, amigos, alegrias, oportunidades e paz de espírito. Assegura que a responsabilidade para evoluir é de cada um nós, exclusivamente.

A autora nos brinda com riquíssimas técnicas, exercícios, estratégias para iniciar uma jornada em busca de nós mesmos, uma libertação daquilo que nos aprisiona. Para isso, apresenta passos para superar o medo de falar em público. São passos importantes que nos desatam e nos encorajam para viver nossos sonhos.

Da mesma forma acontece quando aborda a questão do medo e do perfeccionismo, que prejudica, limita e impede de se atingir o sucesso. Isso tem sido libertador para mim, porque gera sofrimento e desgaste de energia.

Cíntia Lopes enfatiza que todas as pessoas bem-sucedidas falam de um jeito que leva os outros à ação e isso é fator relevante, porque instiga a sair da zona de conforto. Acumular conhecimentos sem a ação, não há resultados. Por conta disso, ela reforça a importância da boa comunicação, como meio de se atingir riqueza em diversas áreas da vida.

É possível praticar uma comunicação que convença, transforme, enriqueça e conduza as pessoas à ação sem conhecimento, domínio de técnicas, método? Com certeza, não será possível. Falar bem exige técnica, método, conhecimento, sensibilidade, conexão como o outro, conforme afirma a autora em sua obra e em seus cursos e palestras.

Esta obra tocou profundamente meu sentir para continuar meu processo de transformação, de evolução. Para tanto, desafio a cada um ler, reler, aplicar os conhecimentos apresentados nesta obra brilhante, utilizando a força da COMUNICAÇÃO como um instrumento de paz social, de aproximação do outro, de bons relacionamentos, de resultados extraordinários em todas as áreas da vida.

AÇÃO, AÇÃO, AÇÃO! Sim, a ação positiva das pessoas com as quais você se comunica e de acordo com o que havia planejado é a verdadeira medida do seu sucesso ao se comunicar.
**CÍNTIA LOPES**

**Odete Brancher Becker,
Participante do treinamento
Comunicação de Excelência,
Vença a Timidez e Conquiste o Sucesso Profissional
IG: @odete_brancher**

# SOBRE A AUTORA

## CÍNTIA LOPES

É apaixonada por desenvolver pessoas. Suas palestras, cursos, *workshops* e livros já alcançaram milhares de pessoas no Brasil e no exterior. É mentora de atletas internacionais e de executivos de alta *performance*. Fundadora do treinamento *on-line* e presencial: Comunicação de Excelência, Vença a Timidez e Conquiste o Sucesso Profissional, e *Transform Yourself*, programa ao vivo com foco na mudança de *mindset*, autoconhecimento e no desenvolvimento de competências pessoais e profissionais.

É mestra em Psicologia pela Universidade Federal de Santa Catarina, (UFSC). Atua como professora de pós-graduação, consultora corporativa nas áreas de gestão, finanças, comunicação e comportamento. Pós-graduada em Novas mídias, rádio e televisão. Possui formação em Programação Neurolinguística pela SOMMER CONSULTING – USA e Dolphin Teach e certificada internacionalmente pelo UPW Anthony Robbins (USA). Escritora premiada com livros adotados em empresas e instituições de ensino. Reconhecida pela atuação com foco em resultados de impacto e soluções criativas para as empresas. Cíntia Lopes desperta emoção, entusiasmo e inspira os participantes a superar desafios. Suas palestras são dinâmicas, interativas e têm linguagem fácil com situações do dia a dia. O público é convocado a sonhar e adotar atitudes para o sucesso. Cíntia Lopes ministra cursos e realiza consultorias para grandes corporações e executivos. Atua estimulando o trabalho cooperativo e a inteligência emocional nas empresas para aumentar a produtividade e o nível de satisfação dos colaboradores. A partir de pesquisas na universidade, desenvolveu a Plataforma de Desempenho Pessoal e Corporativo – PDPC que acompanha e dá *feedback* sobre o aproveitamento dos participantes em cursos e consultorias. Autora dos livros *A estrela é você, Transforme seu medo em poder, Você, sem limites, Fala para que eu te veja, Você nasceu para brilhar* e dos CDs *Realização: uma vida de significados* e *As cinco chaves para uma vida extraordinária*.

**Acompanhe Cíntia Lopes**
Site: www.cintialopes.com.br
Facebook: www.facebook.com/palestrantecintialopes
E-mail: cintia@cintialopes.com.br
https://quemsecomunicaenriquece.com.br/
Instituto Cíntia Lopes de Desenvolvimento Profissional: (47) 99965-8533

# Referências bibliográficas

BYRNE, R. *O maior segredo*. 1. ed. Rio de Janeiro: Harper Collins, 2020.

CUDDY, A. *O poder da presença*. Rio de Janeiro: Sextante, 2016.

GALO, C. *The apple experience: secrets to building insanely great customer loyalty*. Nova York: McGraw-Hill, 2012.

KYRILLOS, L.; JUNG, M. *Comunicar para liderar*. São Paulo: Ed. Contexto, 2015.

PIERRE, W. *Normose: a patologia da normalidade*. Pierre Weil, Jean-Ives Leloup, Roberto Crema. Petrópolis, Rio de Janeiro: Vozes, 2011.

RUIZ, M. *Os quatro compromissos: O livro da filosofia tolteca: Um guia prático para a liberdade pessoal*. 37. ed. Revista, Rio de Janeiro: Best seller, 2020.

SABBI, D. *Sinto, logo existo. Desenvolva a inteligência emocional e a autoestima. Seja mais próspero, saudável e feliz*. 1. ed. Porto Alegre: Alcance, 2002.

SHINYASHIKI, R. *Os segredos das apresentações poderosas*. 14. ed. São Paulo: Gente Editora, 2018.

VITALE, J. *Milionário consciente. Transforme seus desejos em riqueza pessoal*. São Paulo: Cultrix, 2019.

Este livro foi composto pelas tipologias Adobe Garamond
Pro e Cinzel. Impresso pela gráfica Impressul.